BAYERISCHER WALD
UND BÖHMERWALD

Bernhard Pollmann

D1670294

Bruckmann

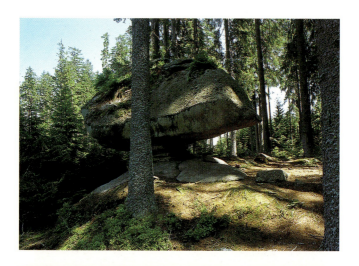

ZEICHENERKLÄRUNG ZU DEN TOURENKARTEN

A4 ● 9	Autobahn	❋ ✸	Aussicht
40	Hauptstraße	✕ ✗	Einkehr/Hütte
	Landstraße	⛪ ✝	Kirche/Kloster
	Nebenstraße	⛫ ♦	Turm
	Fahrweg	🏛	Museum
- - - - -	Fußpfad		Prähistorische Fundstelle
—■—	Bahnlinie mit Bahnhof		
Ⓐ ≻ Ⓔ	Tourenführung mit Anfangs- und Endpunkt	♦ ♦	Denkmal
- - - - -	Tourenvariante	Ω ⋂	Höhle/Grotte
🚶🚶	Fernwanderweg		Schloß/Burg/Ruine
Freyung	Sehenswerter Ort/Stadt	Ⓒ Ⓒ	Camping
▲	Gipfel	▲▲	Felsen
⏝	Pass	♦	Markanter Baum
◆ ▼	Quelle - Wasserfall	✳	Sehenswert
Ⓟ	Parkmöglichkeit	✤	Landschaftlicher Höhepunkt
		Ⓗ	Busverbindung/ Haltestelle

VIER HAUPTKAPITEL

Einführung
Kurze Einstimmung auf das Reiseziel.

Die schönsten Wanderungen
30 Tourenvorschläge mit Kartenskizzen,
Infokästen und Tips.

Sehenswürdigkeiten von A bis Z
Die Highlights des Gebietes

Reise-Informationen von A bis Z
Aktuelle Infos für die Urlaubsplanung und das
Zurechtfinden vor Ort.

**PIKTOGRAMME
ERLEICHTERN
DEN ÜBERBLICK:**

Schwierigkeits-
grad:

○ leicht

◑ mittel

● anspruchsvoll

 Weglänge

 Gehzeit

 Höhenunterschied

 kindgerecht

**BRUCKMANNS
»SCHNELLSUCHE«**

Farben helfen Finden
Bunt hervorgehobene Stichwörter verweisen auf
das jeweilige Kapitel:

grün = Die schönsten Wanderungen

blau = Sehenswürdigkeiten von A bis Z

orange = Reise-Informationen von A bis Z

BUCH & FALTKARTE

Koordinaten zur Orientierung
Zur raschen Lokalisierung aller Sehenswürdigkeiten
und Wandervorschläge auf der beigegebenen
Reisekarte sind im Buch die entsprechenden Koor-
dinaten des Kartenrasters jeweils angegeben:
Beispiel: Karte: B 4/5

Wanderung 8
Seite 85

In der Faltkarte wird bei der
Tour auf die Seitenzahl
im Buch verwiesen.

INHALT

LANDSCHAFTLICHES IDYLL

Bayerischer und Böhmerwald bilden das größte geschlossene Waldgebiet Mitteleuropas. Mit seinen Panoramagipfeln und Felsen, seinen Urwäldern, Mooren und Wildwasser sowie seiner artenreichen Pflanzen- und Tierwelt hat dieses urwüchsige Bergland einen derart hohen Erlebnis-, Erholungs-, ökologischen und ästhetischen Wert, dass hier der erste deutsche Nationalpark geschaffen wurde: Weite Teile des Bayerischen Walds wurden 1970 der Bewirtschaftung entzogen, um diese einzigartige Landschaft in ihrer Schönheit und Dramatik zu erhalten. Seit 1991 auf tschechischer Seite der Nationalpark Šumava – »die Rauschende« – ausgewiesen wurde, bilden die beiden Nationalparks das größte geschützte Waldgebiet Mitteleuropas.

Als Mittelgebirge sind Bayerischer und Böhmerwald nicht unberührte, sondern vom Menschen gestaltete Natur, und dieses Miteinander von Natur und Kultur setzt die Akzente beim Wandern: Von idyllischen Karseen spannt sich der Bogen bis zu Urwäldern und den höchsten und aussichtsreichsten Bergen, von malerischen Felslandschaften und stillen Waldpfaden bis zur Quelle der Moldau, von Schachten-Bergwiesen, Totenbrettern und schindelgedeckten Waldler-

Schwingrasen auf dem Arbersee

häusern bis zur Idylle waldumrahmter Schwellteiche, zu legendenumwobenenen Kapellen und zu den mittelalterlichen Städten und Burgen am Fuß des Gebirges.

Naturraum

Bayerischer und Böhmerwald sind ein deutsch-tschechisch-österreichisches Grenzgebirge, dessen größte Teile in Deutschland und Tschechien liegen. Vom Hohenfurther Sattel bei → **Vyšší Brod [Hohenfurth]** im Südosten streicht das Gebirge längs der tschechisch-österreichischen bzw. tschechisch-deutschen Grenze nach Nordwesten, wo es in der Cham-Further Senke endet.

Vom Hohenfurther Sattel steigt das Gebirge zum → **Plöckensteinmassiv** an, das im Plechý = Plöckenstein (1378 m) den höchsten tschechischen und österreichischen Böhmerwald-Gipfel markiert. Das Plöckensteinmassiv ist das Quellgebiet der Mühl, die dem österreichischen Mühlviertel den Namen gegeben hat; auf bayerischer

Seite weist das Plöckensteinmassiv im → **Dreisesselberg** einen der schönsten und meistbesuchten Gipfel des Bayerischen Walds auf. Vom Plöckensteinmassiv streicht der Gebirgskamm nordwestwärts zu den Nationalpark-Gipfeln → **Lusen** (1373 m), Rachel und Falkenstein und wird dann vom Tal des Großen Regen durchschnitten; in diesem Hochtal liegen die Grenzorte und Wintersportzentren → **Bayerisch Eisenstein** und Železná Ruda [Markt Eisenstein].

Bei Bayerisch Eisenstein verzweigt sich das Gebirge in den Arber-Kaitersberg-Kamm und das Künische Gebirge. Der → **Arber** (1456 m) bildet die höchste Erhebung des Bayerischen und Böhmerwalds, nach Westen sendet er einen Kamm aus, der sich im Kaitersberg bis → **Kötzting** fortsetzt. Das Künische Gebirge, auf dem die Grenze verläuft, weist mit Osser und Zwercheck zwei der hervorragendsten Gipfelwanderziele und mit Schwarzem und Teufelssee zwei der schönsten Karseen des Gebirges auf. Zwischen Künischem Gebirge und Arber-Kaitersberg-Kamm liegt der Lamer Winkel, einer der naturschönsten besiedelten Talabschnitte des Bayerischen Walds. Im Nordwesten flacht das Künische Gebirge in die Cham-Further Senke aus, über der sich als nördlichste Bergbastion des Bayerischen Walds der Hohe Bogen rundet.

Namensgebung

Die namentliche Unterscheidung von Bayerischem Wald und Böhmerwald ist ein Resultat der Geschichte des 20. Jahrhunderts. Noch im 19. Jahrhundert bezeichnete der Name Bayerischer Wald nur das Gebiet bergseitig der Donau zwischen → **Regensburg** und → **Passau.** Das bayerisch-böhmische Grenzgebirge zwischen dem Fichtelgebirge im Norden und dem Mühlviertel im Süden hingegen wurde in seiner Gesamtheit als Böhmerwald bezeichnet, gleichgültig, ob die Gebiete in Österreich-Ungarn oder in Deutschland lagen. Dies änderte sich nach der Zerschlagung des Vielvölkerstaats Österreich-Ungarn und der Gründung der Republik Tschechoslowakei (1918): Der Name Bayerischer Wald wurde auf den bayerischen Teil des Böhmerwalds ausgedehnt, und nach Errichtung des Eisernen Vorhangs schien die Trennung unwiderruflich. Seit dem Zusammenbruch des Ostblocks ist die Grenze wieder durchlässig geworden, was auch an grenzübergreifenden Einrichtungen wie dem Waldgeschichtlichen Informationszentrum in Bučina [Buchwald] deutlich wird. Der auf der tschechischen Seite des Grenzgebirges errichtete Nationalpark erhielt einen Namen, der keinerlei Bezug mehr zur »Nation« hat: Šumava – die Rauschende.

Vorderer Wald

Der Bayerische Wald gliedert sich in den Vorderen Wald, der bis ins 19. Jahrhundert als der eigentliche »Bayerische« Wald bezeichnet wurde, und in den Hinteren Wald an der Grenze zu Tschechien. Naturräumlich getrennt werden Hinterer und Vorderer Wald von der Quarzfelsrippe des → **Pfahls**. Der Vordere Wald erhebt sich links der Donau zwischen der Regenmündung in → **Regensburg** und der Ilzmündung in → **Passau**. Auf einer Länge von ca. 170 km bildet die parallel zum Pfahl fließende Donau die Südgrenze. Landwirtschaftlich genutzte Senken und Bergzüge von meist unter 1000 m Höhe prägen das Landschaftsbild des Vorderen Walds, der im Einödriegel (1121 m) seine höchste Erhebung erreicht. Zwischen Regensburg und → **Deggendorf** durchfließt die Donau das fruchtbare Schwemmland und Lössgebiet des Gäubodens, bei Pleinting tritt sie in das kristalline Grundgebirge der böhmischen Masse ein, das sie erst bei Aschach oberhalb von Linz wieder verlässt. Längs der Donau erheben sich hier mehrere inselartig aufragende Berge, die wegen ihres botanischen Reichtums fast ausnahmslos unter Naturschutz stehen, alte Burgruinen oder Kirchen tragen und hervorragende Aussicht gewähren, darunter → **Bogenberg**, Natternberg bei Deggendorf, Frauen- und Rohrberg in → **Hengersberg**, → **Hilgartsberg** u. a.

Blick von der Burgruine Weißenstein zum Arber.

Geschichte

Bayerischer Wald: Innerhalb des Heiligen Römischen Reichs gab es eine Vielzahl von Staaten, von denen das Hochstift → **Passau** und die dem Hochstift Bamberg zugehörige Benediktinerabtei → **Niederaltaich** neben dem Herzogtum Bayern (ab 1623: Kurfürstentum) die wichtigsten wirtschaftlichen, politischen und geistlichen Entscheidungsträger im Bayerischen Wald waren. 1803 wurden die geistlichen Fürstentümer im Heiligen Römischen Reich aufgehoben, die Territorien von Passau, Bamberg und Regensburg fielen in der Folgezeit an Bayern; in dieser Zeit radikalen politischen Umbruchs avancierte das Kurfürstentum Bayern am Jahreswechsel 1805/06 zum Königreich Bayern. Da bereits 1628 die oberpfälzischen Gebiete mit Bayern vereinigt worden waren, gehörte ab 1810 das gesamte heute »Bayerischer Wald« genannte Gebiet zu Bayern.

Böhmerwald: Der Böhmerwald gehörte in geschichtlicher Zeit stets zu Böhmen [Čechy]. Die deutsche Bezeichnung »Böhmen« bezieht sich auf den Namen Bohaemium, den die Römer dieser Landschaft nach den dort siedelnden keltischen Boiern gaben. Die tschechische Bezeichnung Čechy leitet sich von den slawischen Češi [Tschechen] ab, die hier im 6. Jahrhundert einwanderten. Das Königreich Böhmen war ein Teil des Heiligen Römischen Reichs, doch war ab 1527 der jeweilige habsburgisch-österreichische Herrscher (Erzherzog) zugleich König von Böhmen.

»Könige des Böhmerwalds«: Der älteste Spross der aus dem Fränkischen stammenden Dynastie Schwarzenberg erhielt 1723 den Titel eines Herzogs von Krumau [→ **Český Krumlov**]. Das Herzogtum Krumau umfasste weite Gebiete des Böhmerwalds, die Schwarzenberger galten als die ungekrönten »Könige des Böhmerwalds«. Sie herrschten über ein Gebiet von 600 000 Hektar mit 230 000 Menschen und traten nicht durch Kriege, sondern durch vielfältige Förderung von Kultur hervor. Heute steht die ehemalige Schwarzenberger-Residenzstadt Český Krumlov als Weltkulturerbe unter dem Schutz der UNESCO. Am Kubany [Boubín] richteten die Schwarzenberger eines der ersten Naturschutzgebiete Mitteleuropas ein. Der heute von einem Radweg begleitete Schwarzenberger Schwemmkanal gilt als ingenieurtechnische Meisterleistung.

Holztrift

Charakteristisch für Bayerischen und Böhmerwald sind die zum Zweck der Holztrift aufgestauten »Schwellteiche« und »Klausen«; zu ihnen zählen die Reschbach-, die Martins und die Teufelsklause, die Kapellenbach- und die Höllbachschwelle, der Hirschteich und viele andere. Bis weit ins 20. Jahrhundert hinein wurden die in den Bergwäldern geschlagenen Baumstämme auf dem Wasserweg zu Tal befördert. Während das Holz auf den breiten Flüssen des tiefer gelegenen Landes geflößt werden konnte, mussten die Stämme in den Bergen einzeln in die schmalen Bachläufe geworfen werden. Da die steinigen Bergbäche oft zu wenig Wasser führen, wurden viele Karseen durch einen Damm aufgestaut, das gestaute Wasser wurde während der Holztrift in kurzer Zeit abgelassen, und auf diese Weise entstand ein kleiner

Tipp

Zu den berühmtesten Festen des Bayerischen Walds zählt das **Trifterfest auf der Ilz:** In historischer Kleidung wird die Waldlerarbeit auf der Ilz vor Augen geführt

Der ab 1789 angelegte, mehr als 50 km lange **Schwarzenberger Schwemmkanal** [Švarcenberský plavební kanál] verbindet als historischer Holztransportweg das an der Moldau gelegene Waldgebiet von Nová Pec [Neuofen] über die Mühl im österreichischen Mühlviertel mit der Donau und überwindet dabei die Wasserscheide zwischen Moldau-Elbe und Mühl-Donau. Diese kanalbautechnische Meisterleistung des ausgehenden 18. Jahrhunderts, von den tschechischen Behörden liebevoll restaurauriert und fast durchgehend von einem Radweg begleitet, nimmt ihren Anfang in Jelení [Hirschbergen] bei Nová Pec, führt oberhalb des Moldaustausees Vodní Nádrž Lipno durch den Nordhang des Böhmerwalds und überquert am Sulzberg die österreichische Grenze. Bis 1821 wurde der Kanal von Jelení bis in die Gegend des bayerischen Haidmühle verlängert, wobei der Bergrücken zwischen Jokesberg [Jelenská hora] und Flösselberg [Plešivec] durch einen 400 m langen Tunnel durchstoßen wurde; dieser Stollen darf passagenweise nicht begangen werden, da er Fledermäusen als Quartier dient. Mit Ausnahme der Tunnelstrecke folgt der Radweg durchgehend dem Schwemmkanal bis hinauf zum Radler und Fußgängergrenzübergang Stožec/Haidmühle.

Hochwasserschwall, der es ermöglichte, den Bächen genügend Wasser für die Trift zuzuführen. An den weiter unten gelegenen Sammelstellen wurden die Stämme dann aus dem Wasser geholt. Das Zeitalter der Holztrift endete mit dem Aufkommen leistungsstarker Lastkraftwagen, für die seither Zehntausende von Holzabfuhrstraßen in die Berge gesprengt wurden

Schachten

Die Schachten, ehemalige Hochweiden zur Sömmerung des Viehs, sind aussichtsreiche Wiesen im Waldkleid des Bayerischen Walds: Rukowitzschachten, Hochschachten, Kohlschachten u.a. – einsame Bergwiesen mit mehrhundertjährigen Buchen und Ahornen, von Blitz und Sturm gezeichnet, viele von ihnen expressive Baumindividuen, andere sterbend, in bizarren Gesten blätterlose Zweige und brechende Äste gegen die Wolken oder in den Himmel reckend. Vor mehr als 300 Jahren wurden die Schachten als Weiden für die kräftigsten Stiere und Zugochsen gerodet; die Tiere sollten in den rauen Hochlagen noch zäher und ausdauernder werden. Gerodet wurde nicht der ganze Bestand, sondern einzelne Weidbäume blieben stehen. Bei diesen Weidbäumen handelt es sich um Bergahorne und Buchen, nicht um Fichten. Diese ist ein Hinweis darauf, dass damals der Wald in den Lagen bis zu etwa 1150 m Höhe ein Mischwald war, kein Fichtenwald. Seit Jahrzehnten werden die Schachten nicht mehr beweidet, so dass sich artenreiche Brachwiesen entwickelt haben, von denen einige als Naturschutzgebiete ausgewiesen sind. Da die Schachten im 16. Jahrhundert angelegt wurden, stehen einige der Weidbäume heute am Ende ihres Lebens: Ein

Bergahorn stirbt im Alter von 400 bis 500 Jahren, Buchen können es auf 300 Jahre bringen.

Special

Markante Bestattungs- und Erinnerungsdenkmäler sind im Bayerischen Wald die *Totenbretter*, denen man an Kirchhöfen ebenso begegnet wie beim Wandern an Feldkreuzen, unter alten Bäumen, an Kapellen oder mitten im Wald. Außer Namen und Lebensdaten finden sich auf ihnen Reime, die – teils ernst, teils spaßig – die Erinnerung an die Verstorbenen wach halten. Totenbretter heißen sie, weil die Toten vor der Einsargung auf dem Brett gelegen haben.

Böhmerwalddichter Stifter

Adalbert Stifter (1805-68) gilt als *der* Böhmerwald-Dichter schlechthin, allerorts sind Wanderwege, Straßen, Loipen, Gasthöfe u. a. im Bayerischen und im Böhmerwald nach ihm benannt. Sein museal eingerichtetes Elternhaus in → **Horní Planá** dokumentiert, in welch armen Verhältnissen der Sohn eines Leinewebers und Flachshändlers aufwuchs, die Adalbert-Stifter-Gedenkstätte im Rosenbergergut in Lackenhäuser (→ **Wanderung 4**) zeigt das Umfeld, in dem er seinen historischen Böhmenroman »Witiko« schrieb. Doch Stifter war weit mehr als nur Böhmerwald-Dichter: Seine Büste in der Walhalla bei → **Donaustauf** weist ihn als eine der bedeutendsten deutschsprachigen Persönlichkeiten aus.

Eine von Stifters schönsten Böhmerwald-Erzählungen ist »Der Hochwald« (1844). Geschildert wird, wie zwei junge Frauen während der Wirren des Dreißigjährigen Kriegs in einer Hütte in der Urwald- und Felseinsamkeit am Plöckensteinsee leben. Das Leben im Hochwald stellt Stifter der von Krieg und Leid geprägten Wirklichkeit »in den

Der idyllische Hirschteich wurde für die Holztrift aufgestaut.

Reichen der Menschen« gegenüber, »wo das kostbarste und kunstreichste Gewächs, das Menschenleben, mit ebensolcher Eil' und Leichtfertigkeit zerstört wird, mit welcher Müh' und Sorgfalt der Wald die kleinste seiner Blumen hegt und auferziehet«.

In der programmatischen Vorrede der Novellensammlung »Bunte Steine« (1853), von der »Granit« ebenfalls im Böhmerwald spielt, formulierte Stifter das ästhetische und ethische Konzept seiner Literatur. Den Dichter definierte er in der Nachfolge von Romantik und Klassik als »hohen Priester«, die Kunst als »nach der Religion das Höchste auf Erden«. Nicht der Mensch steht im

Mittelpunkt der Dichtung, sondern das als göttlich-universal gedachte »sanfte Gesetz«, das die Menschen und die Erde erhält. Dementsprechend verzichtet Stifter auf die Darstellung außergewöhnlicher Dinge, er beschreibt das »Kleine« als Äußerungen des »sanften Gesetzes«: »das Wehen der Luft, das Rieseln des Wassers, das Wachsen der Getreide, das Wogen des Meeres, das Schimmern der Gestirne«. Im menschlichen Bereich sieht er das »sanfte Gesetz« wirksam in der Liebe, in Gerechtigkeit, einfachem Leben, in »eherner Einfalt und Güte«. Dieses biozentrische Denken findet in den Novellen und Romanen seinen Niederschlag in umweltethischen Formulierungen ebenso wie in einzigartigen Mensch-Natur-Schilderungen, die Stifter weit aus der Böhmerwald-Heimatliteratur-Ecke herausheben: Der Böhmerwald, den er von unzähligen Wanderungen her kannte, dient nur als Beispiel, um das »sanfte Gesetz« zu veranschaulichen.

Kulinarische Köstlichkeiten

Die berühmtesten Nahrungsmittel im Bayerischen und Böhmerwald sind flüssig. In Pilsen wird seit 1295 ein helles, untergäriges **Bier** mit starkem Hopfenaroma und bis zu 12,5% Stammwürzegehalt gebraut – »das Pils«, dessen Pilsener Variante den geschützten Namen »Pilsner Urquell« (1842) trägt, ist einer der meistgetrunkenen Biertypen der Erde. Auch das in České Budějovice gebraute »Budweiser« zählt zu den bekanntesten Bieren Europas. Während auf böhmischer Seite eher die berühmten Bier-Monopolisten in Erscheinung treten, bieten auf bayerischer Seite des Gebirges

Essen & Trinken

brambor: Kartoffel	moučník: Mehlspeise
brukev: Kohlrabi	Nockerl: ovale Klößchen
Bries: Kalbsmilch	ogurka: Gurke
chleb: Brot	piškot: Biskuit
cibule: Zwiebel	pivo: Bier
dort: Torte	polevka: Suppe
Erdapfel: Kartoffel	povidla: Zwetschgenmus
Gelbe Rübe: Möhre	roštěnka: Rostbraten
Gśelchtes: Rauchfleisch	ryba: Fisch
guláš: Gulasch	Schwammerl: Pilz
hovězí: Rindfleisch	Semmel: Brötchen
hrach: Erbse	skopec: Hammel
husa: Gans	slíva: Pflaume
jablko: Apfel	štika: Hecht
jahoda: Erdbeere	šunka: Schinken
játra: Leber	švestka: Zwetschge
jelen: Hirsch	sýr: Käse
kachna: Ente	tele: Kalb
kapr: Karpfen	Topfen: Quark
knedlík: Knödel	vejce: Ei
koláč: Kuchen	vepřové maso: Schweinefl.
Kren: Meerrettich	víno: Wein
kroupa: Graupen	voda: Wasser
krupice: Grieß	zajíc: Hase
kuře: Huhn	závin: Strudel
máslo: Butter	zelenina: Gemüse
maso: Fleisch	zelí: Kraut

Highlights/Tipps

**12 Reise-Highlights
im Bayerischen und
im Böhmerwald**
(alle im Pkw bzw. mit öffentlichen
Verkehrsmitteln erreichbar):
Český Krumlov: Altstadt Weltkulturerbe der Unesco, Burg.
Deggendorf: mittelalterliche Altstadt.
Klatovy: Altstadt, Weltkulturerbe der Unesco.
Moldaustausee Vodní Nádrž Lipno.
Museumsdorf Bayerischer Wald: Bayerwaldkultur aus 200 Jahren.
Nationalpark-Informationszentrum: Tierfreigehege.
Passau: Barock- und Renaissance-Altstadt, Glasmuseum.
Plzeň: Altstadt.
Prachatice: Denkmalgeschützte Renaissance-Altstadt.
Regensburg: mittalterliche Altstadt, gotischer Dom.
Silberberg: Schaubergwerk in Bodenmais.
Vyšší Brod: Zisterzienserkloster, Bibliothek.

viele Privatbrauereien den Gerstensaft nach dem bayerischen Reinheitsgebot von 1516 an.

Die **schmackhafte böhmische Küche** kann einen Aufenthalt im Böhmerwald durchaus zum Feinschmeckerurlaub geraten lassen; zwar entsprechen nicht alle Restaurants westlichem Standard, aber das gilt – generell – auch für die Preise. Viele »österreichische« Bezeichnungen für Gerichte (Powidl = Pflaumenmus, Erdäpfel = Kartoffeln, Semmel = Brötchen, Krenwürstel = Wiener Würstchen) spiegeln die enge Verbindung von Böhmen und der einstigen k.u.k. Monarchie wider: Powidltascherl [Povidlové tašky], Liwanzen [Lívancy], Buchteln

Böhmische Knödel sind die Spezialität schlechthin.

[Buchtíčky], Böhmischer Kaiserschmarrn, Kirschstrudel oder Apfelscheiterhaufen [Semmelbaba] zählen zu den berühmtesten »**Mehlspeisen**«.

Beim **Fleisch** erfreut sich Borstenvieh in Böhmen ähnlicher Beliebtheit wie in Bayern, Schweinebraten mit Kraut und Knödeln (beliebteste Beilage) gilt als böhmisches Nationalgericht, viele Restaurants bieten auch Wild an, auf Speisekarten oft deutsch ausgedruckt als »wildes Fleisch«. Berühmt ist ferner **G'selchtes,** d.h. geräucherte Wurst- und Fleischwaren; G'selchtes zählt zu

den beliebtesten touristischen Mitbringseln aus dem Böhmerwald. Zu den traditionellen Zutaten zählen in beiden Waldgebieten die **Pilze**, vor allem auf böhmischer Seite sind im Herbst Scharen von Schwammersuchern unterwegs, um das »Gold der Wälder« zu schneiden: Pfifferlinge und Steinpilze.

1

Über den Luč in die Moldauschlucht

Schönste Wildwasserschlucht des Böhmerwalds: Loučovice [Kienberg] – Luč – Čertová stěna [Teufelswand] – Loučovice   Karte: G/H 6

mittel	
11 km	
4 Std.	
↑ 300 m ↓ 300 m	
☺ ja	

Tourencharakter: Abwechslungsreiche Wald-, Aussichts- und Schluchtwanderung, für die festes Schuhwerk empfehlenswert ist.
Beste Jahreszeit: Juni bis September.
Ausgangs-/Endpunkt: Bahnhof Loučovice (672 m) an der Linie České Budějovice – Lipno.
Wanderkarte: Turistická Mapa 1:50 000 Blatt 67 Šumava Lipno (Klub Českých Turistů).
Markierung: Blauer Strich von Loučovice über den Luč, gelber Strich bis zum Kyselovský-Bach, blauer Strich ins Moldautal, grüner Strich durch die Moldauschlucht zurück nach Loučovice.
Verkehrsanbindung: Bahnlinie Linie České Budějovice – Lipno bzw. Straße Frymburk – Lipno – Vyšší Brod.
Einkehr: Loučovice.
Unterkunft: In Vyšší Brod gibt es Hotel und Pensionen und eine Châlet-Siedlung sowie einen Campingplatz.
Tourist-Info: Klaster Vyšší Brod, CZ-38273 Vyšší Brod, Tel. 0337-92392.
Mountainbikegeeignet: nein

Von Loučovice [Kienberg] im Moldautal führt diese abwechslungsreiche Rundwanderung auf den für seine Aussicht berühmten und wegen seiner imposanten Felsbildungen als geologisches Schutzgebiet ausgewiesenen Berg Luč, ehe der Abstieg in die imposanteste Schlucht des Böhmerwalds führt.

Auf der Teufelskanzel, über der Moldauschlucht.

Der Wegverlauf

Vor dem kleinen Bahnhofsgebäude von **Loučovice** weist das Wanderwege-Richtungsschild »Luč« parallel zur Bahnlinie talaufwärts, wobei die Markierung »blauer Strich« die Route weist. An der ersten Straße überqueren wir die Gleise, wenden uns links und biegen die erste Straße halb rechts hinauf ab. Am Ende des kleinen Orts folgen wir der Markierung in die Wälder des Luč hinein, in denen sich immer wieder Ausblicke auf das Moldautal öffnen. Nach stetigem, recht steilem Aufstieg erreichen wir an der Grenze des geologischen Schutzgebiets den Felsen **Knížecí stolec** [Fürstensessel], der eine prachtvolle

Aussicht auf den → **Moldaustausee** gewährt. Kurz nach Überschreiten des **Luč** (933 m) mit seinen Felsenmeeren und imposanten Felsblöcken überqueren wir den unseren Blicken entzogenen Tunnel, der den gesamten Bergstock durchstößt und das Wasser aus dem Moldaustausee dem Speicherbecken Vodní Nádrž Lipno II oberhalb von → **Vyšší Brod** [Hohenfurth] zuleitet; dieser Tunnel entzieht der am Fuß des Luč fließenden Moldau zeitweise völlig das Wasser.

Durch Wälder führt unsere Markierung nun abwärts, bis wir auf die von Lipno heraufführende Markierung »gelber Strich« treffen und ihr mit teilweise bestechender Aussicht rechts hinauf zu den wenigen Häusern von **Dvorečná** folgen. Von dort führt unsere Mar-

Blick über die Teufelsmauer auf den Ausgang der Moldauschlucht.

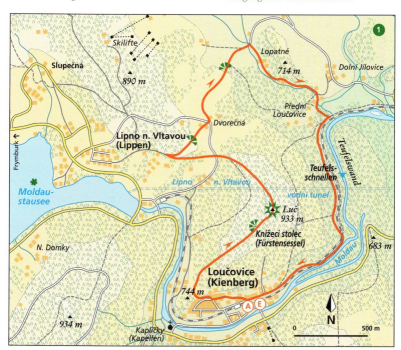

1

Flusskrebs im klaren Wasser der Moldauschlucht.

Die von einem Parkplatz an der Straße Louňovice-Vyšší Brod erreichbare Felskanzel bietet einen prachtvollen Tiefblick in die Moldauschlucht. Der Legende nach ist die Teufelswand der Rest eines Damms, mit dem der Teufel die Moldau stauen wollte, um dann durch eine Überschwemmung das neu gegründete Kloster Hohenfurth zu vernichten.

kierung aussichtsreich in den Wiesen hinab, bis nach Überqueren des Kyselovský-Bachs die Markierung »blauer Strich« rechts abzweigt, dem Bach mit schönen Luč-Aufblicken abwärts folgt, ihn schließlich überquert und in das Moldautal hinabführt. Dort schließen wir uns der Markierung »grüner Strich« Richtung »Loučovice« an und wandern parallel zur Bahnlinie in die Moldauschlucht hinein. Obwohl der Moldau das Wasser weitgehend entzogen wird, zählt die Wanderung durch die Schlucht mit ihren artenreichen Mischwäldern zum Feinsten. Früher wurden die Kaskaden, in denen der Fluss über Blockwerk rauschte, **Teufelsschnellen** [Čertový proudy] genannt, schalenförmige Strudeltöpfe in den Granitfelsen im Flussbett zeugen von der Gewalt des Wassers. Nach und nach gelangen wir an den Fuß der **Čertová stěna** [Teufelswand], die sich am gegenüberliegenden Ufer erhebt: Verwitterungsbedingt fließt von dieser eindrucksvollen Felswand ein Blockmeer bis zum Fluss hinab.

Unser grün markierter Weg führt längs der Moldau weiter aufwärts in der imposanten Felsschlucht, wir queren die Bahngleise und kommen an einer Gedenkstätte für einen verunglückten Kanuten vorbei. Nach erneutem Überqueren der Bahngleise kehren wir zurück zum Ausgangspunkt, dem Bahnhof von **Loučovice.**

Tipp

Bei **Kanuwettkämpfen** wird das Wasser aus dem Moldaustausee durch die Moldauschlucht geführt; der ansonsten recht harmlos dahinplätschernde Fluss verwandelt sich dann wie vor dem Bau der Staumauer in einen reißenden Fluss.

Auf den Plöckenstein

Auf den Spuren von Adalbert Stifter: Nová Pec [Neuofen] – Plešné jezero
[Plöckensteinsee] – Plechý [Plöckenstein] – Nová Pec   Karte: F/G 5/6

2

Tourencharakter: Bis kurz unterhalb des Plöckensteinsees erwarten uns fahrradfähige Forstwege, die Steige hinauf zum See und auf den Gipfel hingegen sind wurzelig und steinig; festes Schuhwerk ist empfehlenswert.
Beste Jahreszeit: Juni bis September.
Ausgangs-/Endpunkt: Parkplatz (780 m) im Oberdorf von Nová Pec.
Wanderkarte: Turistická Mapa 1:50 000 Blatt 66 Šumava Trojmezí (Klub Českých Turistů) oder Kompass-Wanderkarte 1:50 000, Blatt 2003: Südlicher Böhmerwald oder Topografische Karte 1:50 000, Blatt UK L 27: Südlicher Bayerischer Wald (Bayerisches Landesvermessungsamt).

Markierung: Grüner Strich von Nová Pec bis zum Plöckensteinsee, gelber Strich vom Plöckensteinsee zum Plöckenstein, roter Strich vom Plöckenstein zum Grenzübergang. An allen Verzweigungen finden sich zusätzlich namentliche Ausschilderungen.
Verkehrsanbindung: B 12 Passau – Grenzübergang Philippsreuth – Strážny, dort abbiegen nach Volary und weiter zum Moldaustausee Vodní Nádrž Lipno.
Einkehr: Nová Pec, Kiosk Říjiště.
Unterkunft: In Nova Pec gibt es mehrere Pensionen und Hotels sowie einen Campingplatz.
Tourist-Info: Keine.
Mountainbikegeeignet: nein.

mittel

16 km

5 Std.

↑ 600 m
↓ 600 m

ja

Diese Waldwanderung führt zum sagenumwobenen Plöckensteinsee und auf den → **Plöckenstein**, den höchsten Böhmerwaldgipfel Tschechiens und Österreichs. Hervorragende Aussicht bietet sich vom Adalbert-Stifter-Denkmal oberhalb des Sees.

Der Wegverlauf

Vom Parkplatz im Oberdorf von **Nová Pec** [Neuofen] folgen wir der grünen Wander- und der blauen Fahrradmarkierung auf einem für den öffentlichen Verkehr gesperrten Asphaltweg bergwärts hinaus in

2

die Wiesen. Schon bald taucht
der alleeartig von alten Birken
gesäumte Weg in den Wald ein
und trifft auf den **Schwarzenberger Schwemmkanal** (vgl.
S. 14). Diesem historischen
Holztransportweg folgen wir

Tipp

Wer dem mit dem Zeichen »roter
Strich« markierten Grenzwanderweg auf dem Böhmerwaldkamm
weiter 30 Min. westwärts folgt, gelangt zum **Bayerischen Plöckenstein**; anders als vom tschechisch-
österreichischen Plöckenstein bietet sich dort eine hervorragende
Aussicht.

mit der grünen und der blauen Markierung rechts, weiterhin auf einem asphaltierten Weg. Unter die Fichten mischen sich auf dieser

Der Plöcken-
steinsee.

Höhe noch Buchen und Ahorne, die mächtigste Buche erwartet uns
an einer Biegung des Kanals bei einer steinernen Sitzbank. An der

Wegekreuzung, wo der Schwarzenberger
Schwemmkanal und der Rossbach [Konský potók]
mit Hilfe eines Aquädukts gekreuzt werden, verlassen wir den Kanal und folgen der günen und
der Fahrradmarkierung links hinauf nach **Ríjiště**,
wo saisonal an einem Kiosk Erfrischungen erhältlich sind. Hier zweigen wir mit der grünen und
der Fahrradmarkierung rechts auf einen Hangweg
ab, von dem bald darauf links der Seesteig [Jezerni
stezka] abzweigt und zum **Plöckensteinsee** mit
dem **Felsenmeer** führt. Von dem malerischen Karsee folgen wir der gelben Markierung auf einem
steilen Pfad hinauf zum **Adalbert-Stifter-Denkmal**
[Stifter ův pomník] in aussichtsreicher Lage hoch

über der **Heidenwand**, der 200 m hohen Karwand des Sees: Der
Blick schweift hinab auf den sagenumwobenen See und in das weite
Moldautal, wo sich am Ufer des → **Moldaustausees Vodní Nádrž Lip-
no** die Häuser von Stifters Geburtsort → **Horní Planá** [Oberplan] zei-
gen. Vom Denkmal führt der Pfad zum **Plöckenstein** (1378 m). An der
Hütte neben dem mächtigen Gipfelfelsen queren wir die unsichtbare
Grenze und folgen dem rot markierten, wurzeligen Weg längs der

Tipp

Am Ausgangspunkt gibt es einen
Fahrradverleih, allerdings ist nicht
die gesamte Route fahrradfähig;
siehe Routenbeschreibung.

tschechisch-österreichischen
Grenze im Hochwald abwärts bis
zum nächsten Wander- und Fahr-
radgrenzübergang. Dort begegnet

uns wieder die blaue Fahrradmarkierung, der wir links hinab folgen
und bald wieder den Rastplatz **Ríjiště** erreichen. Von hier an ist der
Rückweg nach Nová Pec identisch mit dem Aufstieg.

Der Bärensteig

Ältester Naturlehrpfad des Böhmerwalds: Nová Pec [Neuofen] –
Perník [Lebzeltenberg] – Jelení [Hirschbergen] – Nová Pec   Karte: F/G 5–6

3

Tourencharakter: Zwischen Ovesná und Hirschsee erwarten den Wanderer stimmungsvolle Fels- und Wurzelpfade, für die festes Schuhwerk erforderlich ist, danach fahrradfähige Wege.
Beste Jahreszeit: Juni bis September.
Ausgangs-/Endpunkt: Gebührenpflichtiger Parkplatz (740 m) am Bahnhof Nová Pec an der Böhmerwald-(Dampf-)Eisenbahnlinie České Budějovice – Černý Kříž – Nové Údolí.
Wanderkarte: Turistická Mapa 1:50 000, Blatt 66: Šumava Trojmezí (Klub Českých Turistů) oder Kompass-Wanderkarte 1:50 000, Blatt 2003: Südlicher Böhmerwald, oder Topografische

Karte 1:50 000, Blatt UK L 27: Südlicher Bayerischer Wald (Bayerisches Landesvermessungsamt).
Markierung: Der Bärenpfad ist durchgehend mit dem »gelben Strich« markiert.
Verkehrsanbindung: B 12 Passau – Grenzübergang Philippsreuth – Strazny, dort abbiegen nach Volary und weiter zum Moldaustausee Vodní Nádrž Lipno.
Einkehr: Jelení und Nová Pec.
Unterkunft: In Nova Pec gibt es mehrere Pensionen und Hotels sowie einen Campingplatz.
Tourist-Info: Keine.
Mountainbikegeeignet: Bärensteig nein, Schwemmkanal ja.

 mittel

 16 km

 5 Std.

 ↑ 400 m ↓ 400 m

 ja

Auf dem wegen seiner bizarren Felsgebilde berühmten Bärensteig, einem der naturschönsten Fels- und Wurzelpfade des Böhmerwalds, leitet diese Wanderung vom → **Moldaustausee Vodní Nádrž Lipno** zum Forsthaus Jelení [Hirschbergen] am Tunnel des Schwarzenberger Schwemmkanals. Von dort – nach der ersten Hälfte des Bärenpfads – kehren wir auf einem bequemen Waldweg längs des Schwemmkanals nach Nová Pec zurück.

Rast auf den Gipfelfelsen des Perníka.

3 Der Wegverlauf

Angelegt wurde der Bärensteig 1967 als erster Naturlehrpfad im Böhmerwald. Seinen Namen trägt er nach dem letzten Bären, der hier 1856 erlegt wurde; ein Denkmal auf der zweiten Hälfte des Bärensteigs erinnert daran.

Vom Eisenbahnhaltepunkt **Ovesná** [Habersdorf] folgen wir der Markierung »gelber Strich« auf einem Forstweg aufwärts, bis nach wenigen Minuten der **Bärensteig** [Medvědí stezka] links auf einen schmalen Weg wechselt und sich gleich darauf in einen Steig verwandelt: Steil, wurzelig und felsig führt er im Hochwald neben Felsfreistellungen hinauf zur Felsbastion **Skalní vyhlidka** [Aussichtsfelsen], die wie viele der Felsen am Bärensteig schüsselartige Vertiefungen und Rinnen in der Oberfläche des grob kristallinen Granitgesteins aufweist; der Gipfel gewährt zwischen den Zweigen alter Fichten Blick über das Moldautal hinweg. Nach diesem steilen Anstieg führt der **Bärenpfad** bequem hinüber zur **Perníková skála** [Lebkuchenfels] und weiteren eindrucksvollen Felsen und erreicht den **Perník** [Lebzeltenberg] (1049 m) – ein schöner Rastpunkt, auch wenn die Aussicht zum Böhmerwaldkamm wegen der umgebenden Bäume gering ist. Von den Gipfelfelsen führt der Bärensteig steil hinab zum idyllischen

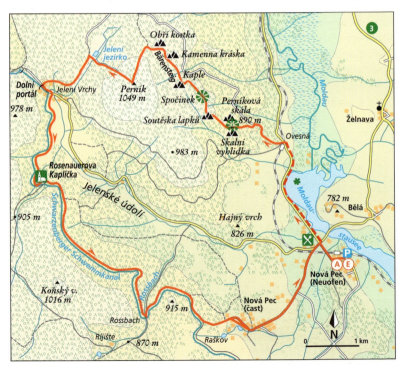

Holztrift-Schwellteich **Jelení jezírko** [Hirschteich], an dem Bänke und Tisch zur Rast laden. Gleich darauf mündet der Pfad auf einen Forstweg, dem wir links hinab nach **Jelení** [Hirschbergen] folgen. Dort befindet sich am oberen Ende des Parkplatzes das untere Tunnelmundloch des **Schwarzenberger Schwemmkanals** (vgl. Einleitung: Holztrift)

In Jelení, wo Einkehrmöglichkeit besteht, wandern wir von der Bushaltestelle beim Parkplatz auf der Zufahrtsstraße kurz abwärts und biegen beim Haus in der Linkskurve aussichtsreich rechts ab, nun der Markierung »blauer Strich« folgend. Der Forstweg folgt dem Schwemmkanal zur **Rosenauerova Kaplička** [Rosenauer Kapelle]. An der Kreuzung des Schwemmkanals mit dem Rossbach [Konsky potók] treffen wir auf die Markierung »grüner Strich«, folgen ihr neben dem Schwemmkanal geradeaus und kehren zum Ausgangspunkt in **Nová Pec** zurück.

Tipp

Für **Familien** mit **Kindern** ist die Rückfahrt von Jelení nach Nová Pec mit dem Bus zu empfehlen; dadurch verkürzt sich die Wanderung auf 7 km. Wer den Bärenpfad in voller Länge begehen will (14 km), folgt ab Jelení der gelben Markierung weiter bis Černý Kříž und fährt von dort mit der Böhmerwald-Dampfeisenbahn bzw. dem Triebwagen nach Nová Pec zurück; diese zweite Hälfte des Bärenpfads folgt keinem Pfad, sondern einem Forstweg.

Ob erste Hälfte oder gesamter Bärenpfad: Es ist empfehlenswert, von Nová Pec eine Station mit der **Bahn** zum Haltepunkt Ovesná (keine Parkmöglichkeit) zu fahren und dort die Wanderung zu beginnen; die Alternative zur Bahnfahrt sind zwei Kilometer auf der allerdings vergleichsweise wenig befahrenen Straße Nová Pec – Ovesná.

3

Der Bärensteig führt im Laufe der Wanderung zum gigantischen Felsensemble Kaple [Kapelle], in dessen Nordostwand sich das Drachenmaul öffnet, eine dreieckige Halbhöhle im Steilhang.

Uralte Laubbäume wie diese Birke säumen viele der Wege bei Nová Pec; im Bild der abendliche Rückweg hinab ins Dorf.

4

Über den Dreisesselberg

Im Bann des Hochwalds: Rosenberger Gut – Dreisesselberg –
Plöckenstein – Rosenberger Gut   Karte: F 5/6

 mittel

 18 km

 5 Std.

 ↑ 700 m ↓ 700 m

 nein

Tourencharakter: Waldwanderung mit
hervorragenden Aussichtsstellen.
Die meist felsigen und wurzeligen Pfade
erfordern festes Schuhwerk.
Beste Jahreszeit: Juni bis September.
Ausgangs-/Endpunkt: Parkplatz am
Gasthof »Waldstüberl« (830 m) in
Neureichenau-Lackenhäuser oberhalb
vom Rosenberger Gut.
Wanderkarte: Turistická Mapa
1:50 000, Blatt 66: Šumava Trojmezí
(Klub Českých Turistů) oder Topografi-
sche Karte 1:50 000, Blatt UK L 27: Süd-
licher Bayerischer Wald (Bayerisches
Landesvermessungsamt) oder Kompass
Wanderkarte 1:50 000, Blatt 2003:
Südlicher Böhmerwald.
Markierung: Grünes Dreieck bis zum

Dreisesselberg, weißblaues Zeichen auf
dem Nordwaldkammweg, roter Strich
über den Plöckenstein.
Verkehrsanbindung: Von der B 12
Passau – Freyung abbiegen nach Wald-
kirchen und via Jandelsbrunn weiter
nach Neureichenau.
Einkehr: Gasthof in Lackenhäuser,
Berggasthaus auf dem Dreisesselberg.
Unterkunft: In Neureichenau gibt es
zwei Hotels, 17 Gasthöfe und
Pensionen, drei Jugendherbergen, einen
Campingplatz, zehn Urlaubsbauernhöfe
sowie zahlreiche Privatvermieter.
Tourist-Info: Verkehrsamt Neureichenau,
Dreisesselstraße 8, D-94089 Neureichenau,
Tel. 0 85 83-96 01 20, Fax 0 85 83-96 01 10.
Mountainbikegeeignet: nein.

Tipp

Familien mit Kindern starten am
Dreisesselparkplatz an der Stichstraße zum Dreisesselberg.

*Blick vom
Hochstein
über Bayeri-
schen und
Böhmerwald.*

Von   Neureichenau-Lackenhäuser, wo sich das Rosenberger Gut
mit der Adalbert-Stifter-Gedenkstätte befindet, führt diese mehr-
fach abkürzbare Dreiländerwanderung auf dem Witikosteig zum
→ **Dreisesselberg**, einem der aussichtsreichsten Berge des Bayerischen Walds. Der Nordwaldweg leitet weiter zum aussichtsreichen
Steinernen Meer, ehe wir im → **Plöckenstein** den höchsten tschechischen und österreichischen Gipfel
des Grenzgebirges erreichen. Den
Schlusspunkt markiert auf österreichischer Seite der faszinierende Ausblick
vom Teufelsschüssel-Felsturm. Wegen
der Grenzübertritte müssen Ausweis-
papiere mitgeführt werden.

Der Wegverlauf

Vom Parkplatz neben dem Gasthof
»Waldstüberl« oberhalb des Rosenberger Guts in Neureichenau-Lacken-

Tipp

Das **Dreisesselhaus** (1313 m) ist eines der bekanntesten Berghäuser des Bayerischen Walds. Es hat 16 Betten und ist bewirtschaftet von ca. 20. Dezember bis Ende Oktober, Buchung im Voraus ist erforderlich; 94089 Neureichenau, Tel. 08556-350. Als Ausgangspunkt für Wanderungen einerseits auf dem Grenzkamm, andererseits im Böhmerwald und drittens im Bayerischen Wald ist das Berghaus hervorragend geeignet. So führt vom Dreisesselberghaus der Grenzwanderweg (Personalausweis mitführen) über den Bayerischen Plöckenstein zum tschechisch-österreichischen Plöckenstein, von dem aus wiederum der sagenumwobene Plöckensteinsee erreichbar ist.

häuser folgen wir der Markierung »grünes Dreieck« aufwärts Richtung »Dreisessel«. Der steinige Wurzelweg führt am **Böhmerwäldler-Denkmal** vorbei aufwärts durch Hochwald, begleitet vom Rauschen eines Wildbachs. Zweimal laden während des stetigen Anstiegs Sitzbänke zur Rast, zuletzt passieren wir die Nordwaldkammweg-Abzweigung, dann mündet unser Weg auf die asphaltierte Zufahrt zum »Dreisesselhaus«, auf der wir die letzten Meter zum Berggasthaus und

4

zum aussichtsreichen **Dreisesselfels** zurücklegen. Am Souvenir-Kiosk gegenüber dem Gasthaus beginnt der lohnende 10-Minuten-Abstecher zum **Hochstein** (1333 m), der höchsten Erhebung des Dreisesselbergs. Die Aussicht beim Gipfelkreuz ist noch umfassender als vom Dreisesselfels. Weit schweift der Blick nach Böhmen hinein;

Special

In **Adalbert Stifters Roman »Witiko«** (1865-67) erklärt Bertha Witiko, wie er zum Dreisesselfels gelangt: »Es geht ein Pfad hinauf, den du immer wieder leicht findest, wenn du ihn einmal verlierst. Weil aber der Stein von dem Grunde, der um ihn herum ist, wie eine gerade Mauer aufsteigt, so haben sie Stämme zusammengezimmert, und durch Hölzer eine Treppe gemacht, dass man auf seine Höhe gelangen kann. Du musst aber oben sorgsam sein, dass dein Haupt nicht irre wird; denn du stehst in der Luft allein über allen Wipfeln.«

Auf dem heute »Witikosteig« genannten Weg wandert Witiko mit Wolf, einem Knecht von Berthas Vater, zum Dreisesselfels und zum Hohenstein: » Nach einer Wanderung von einer und einer halben Stunde gelangten sie auf die Schneide des Waldes hinan zu dem Fels der drei Sessel, der aus dem Grase des Waldes über die Gipfel der Bäume empor ragte. Witiko kletterte über die Treppe empor, Wolf folgte ihm. Oben war ebener Stand und drei hohe Lehnen, über die man hinausblicken konnte. Witiko sah in das Land Bayern. Zu seinen Füßen sah er die großen Wälder, er sah dann den Inn, die Isar und die Donau, und an dem Rande sah er die Berge der Alpen ... Sie stiegen von dem Fels hinab und gingen eine kleine Strecke nach Mitternacht. Dort stand ein ähnlicher Fels. Sie kletterten über eine gleiche Holztreppe hinauf. Von ihm sah Witiko die Berge des böhmischen Landes höher und breiter als von Sesseln, auch sah er neue Waldlehnen emporstehen...«.

Den Namen »Witikosteig« trägt der Weg zum Dreisesselberg nach der Titelfigur von Adalbert Stifters historischem Böhmenroman »Witiko«: Auf einer Waldlichtung am Fuß des Dreisessels lernt Witiko seine spätere Frau Bertha kennen und lässt sich von einem Knecht ihres Vaters zu den sagenumwobenen drei Sesseln führen.

Panoramaorientierungstafeln benennen die Punkte im Blickfeld. Vom Hochstein kehren wir zurück zum Berggasthaus und folgen der Zufahrt abwärts. Viele zweigen nun in der Rechtskurve links auf den mit dem Zeichen »roter Strich« markierten Grenzwanderweg ab, auf den auch wir an der Dreieckmark treffen werden. Dieser wurzelige, steinige Grenzwanderweg führt parallel zum Nordwaldkammweg zum Bayerischen Plöckenstein, bei dem sich eine hervorragende Aussicht bietet, und weiter zur Dreieckmark. Diesem Grenzwanderweg schließen wir uns nicht an, sondern wandern in der Kurve geradeaus weiter wie beim Aufstieg, bis wir die bekannte **Nordwaldkammweg-Abzweigung** erreichen, und biegen dort links Richtung »Steinernes Meer« ab; markiert ist der Pfad mit einem weißblauen Zeichen. Der wurzelige, steinige, passagenweise befestigte Steig leitet durch eine prachtvolle Hochwaldregion, wo absolutes Wegegebot herrscht, unter die Fichten mischen sich Buchen, Tannen und Ebereschen, während Farne, Kräuter und Gräser den Boden decken. Auf diesem stimmungsvollen Pfad erreichen wir das **Steinerne Meer**. Dieses Verwitterungsblockmeer »fließt« vom Bayerischen Plöckenstein durch den Südhang des Massivs und bietet einen prachtvollen Ausblick auf das bayerisch-österreichische Grenzgebiet im Quellbereich der Mühl. Nach der Rast am Steinernen Meer folgen wir weiter dem Nordwaldkammweg, und wenn dieser wenig später auf einen

4

Begangssteig mündet, folgen wir diesem links hinauf zur bayerisch-böhmisch-österreichischen **Dreieckmark** [Trojmezí], an der Sitzbänke zur Rast laden. Vom Dreiländereck führt ein mit dem Zeichen »roter Strich« markierter Wurzelweg längs der tschechisch-österreichischen Grenze weiter zum → **Plöckenstein** [Plechý] (1379 m). Von diesem höchsten Böhmerwaldgipfel Tschechiens und Österreichs folgen wir dem rot markierten Grenzpfad noch wenige Minuten weiter, bis der rotweißrot markierte Dreiländerweg rechts Richtung Schwarzenberg abzweigt und bald darauf identisch mit dem weißblau markierten Nordwaldkammweg zur österreichisch-deutschen Grenze führt. Dort zweigen wir auf dem Dreiländerweg links zur **Teufelsschüssel** ab, einer mächtigen Granitbastion, die auf Metalltreppen ersteigbar ist und einen wunderbaren Ausblick auf das Dreisessel-Plöckenstein-Massiv mit dem Steinernen Meer gewährt. Von der Teufelsschüssel – der Felsen trägt diesen Namen nach schüsselartigen Vertiefungen – leitet der Dreiländerweg im Wald hinab an den Rand des Dorfs **Oberschwarzenberg**. Dort folgen wir der Straße wenige Minuten rechts hinauf, bis der mit der Zahl »34« markierte **Zinngießerweg** links hinab abzweigt. Wo er unten am Gegenbach auf die Landesgrenze trifft, wandern wir auf dem **Glashüttenweg** rechts hinauf zum Gasthof »Zitherwirt« und sind zurück in Lackenhäuser: Hier gehen wir geradeaus am Campingplatz vorbei, wenden uns am Ende rechts, kommen am Rosenberger Gut mit der **Adalbert-Stifter-Gedenkstätte** vorbei und kehren mit Blick zum Steinernen Meer zurück zum Ausgangspunkt.

Der Dreisesselfels erhebt sich direkt an der deutsch-tschechischen Grenze.

5 Zum Aussichtsturm auf dem Haidel

Über den Goldenen Steig: Bischofsreut – Haidel – Leopoldsreut – Bischofsreuth

Karte: F 5/6

leicht

17 km

5 Std.

↑ 350 m
↓ 350 m

ja

Tourencharakter: Bequeme, fahrradfähige Waldwege.
Beste Jahreszeit: Juni bis September. Vom 15. September bis zum 15. Mai ist ein Teil des Weges aus Wildschutzgründen gesperrt, die Alternativroute ist ausgeschildert.
Ausgangs-/Endpunkt: Wanderparkplatz (1010 m) an der Nepomuk-Kapelle am südwestlichen Ende von Haidmühle-Bischofsreut; an der Kirche in Bischofsreut Richtung Nepomuk-Kapelle fahren.
Wanderkarte: Topografische Karte 1:50 000, Blatt UK L 27: Südlicher Bayerischer Wald (Bayerisches Landesvermessungsamt) oder Fritsch Wanderkarte 1:50 000, Blatt 62: Südlicher Bayerischer Wald oder Turistická mapa

1:50 000, Blatt 66: Trojmezí (Klub Českých Turistů).
Markierung: Fast alle Wege sind mit namentlichen Richtungsschildern versehen; zudem weist bis zur Madltanne die Markierung 4 die Route, später die Markierung 5 und Fingerhut (Blume).
Verkehrsanbindung: B 12 Passau – Freyung – Philippsreut und abbiegen Richtung Haidmühle.
Einkehr: Bischofsreut.
Unterkunft: In Haidmühle gibt es zahlreiche Hotels, Gasthöfe und Pensionen sowie eine Jugendherberge.
Tourist-Info: Verkehrsamt Haidmühle, D-94145 Haidmühle, Tel. 0 85 56-1 94 33, Fax 0 85 56-10 32.
Mountainbikegeeignet: ja.

Von Haidmühle-Bischofsreut führt diese ruhige Waldwanderung zum Aussichtsturm auf dem Haidel (1167 m), dem Quellberg der Kalten Moldau, ehe wir auf dem Goldenen Steig, einem der historischen Handelswege zwischen → **Passau** und Böhmen, zur Dorfwüstung Leopoldsreut und nach Bischofsreut zurückwandern.

Der Wegverlauf

Vom Waldparkplatz an der **Nepomuk-Kapelle** am Rand des Dorfs **Bischofsreut**, das 1705 auf Anordnung des Passauer Bischofs am Goldenen Steig gegründet (»gerodet«) wurde, folgen wir der Markierung »4« am Forsthaus vorbei Richtung Bischofsreut. Schon bald wechselt die Markierung rechts in aussichtsreiche Wiesen und führt dann im Wald zur **Madltanne** auf dem **Lichtenberg**; auf dem Felsen, auf dem die sagenumwobene Tanne einst stand, lädt eine Sitzbank zur Rast. In derselben Richtung, aus der wir gekommen sind, gehen

Die Weberaubachklause am Weg auf den Haidel.

wir unmarkiert auf dem oberen Weg weiter und dann hinab zu einem breiten Wirtschaftsweg, der nach rechts zur **Weberaubachklause** (934 m) führt, einem idyllischen Teich. Vom Teich leitet der Weg kurz aufwärts, schwingt am nächsten Wegedreieck mit der Markierung

Tipp
Wer die Wanderung abkürzen will, geht vom Parkplatz auf dem ausgeschilderten Waldweg (1,5 km) direkt zur Weberaubachklause.

5

»5« links hinab und führt durch ein **Wildschutzgebiet** mit prachtvollen Buchenmischwäldern zur **Tiefseuge**, einem der Quellbäche der Kalten Moldau. Wir überschreiten den Bach, folgen ihm aufwärts und wenden uns an der nächsten Verzweigung links hinauf zur **Kreuzfichte**; der Umfang der stattlichen Fichte, bei der eine Rastbank steht, beläuft sich auf 359 cm. Bergwärts blickend, wandern wir auf dem etwas steileren Kammweg aufwärts zum **Haidel**. Auf der Bergkuppe laden Bänke, Tische und eine Schutzhütte zur Rast, eine Orientierungstafel am hölzernen Aussichtsturm benennt die Punkte im Blickfeld.

Vom Haidel leiten die Markierungen »Fingerhut« und »5« zur **Dorfwüstung Leopoldsreut**. Der Ort wurde 1618 als Grenzwächter- und Mautstellendorf am Goldenen Steig gegründet; als der Salzhandel Ende des 17. Jahrhunderts zum Erliegen kam, starb das Dorf nach und nach aus; 1963 wurden die letzten Häuser abgerissen, heute stehen noch die Schule und eine Nepomuk-Kapelle. Von der Wüstung führt die Markierung »5« im Wald auf dem Goldenen Steig zum Ausgangspunkt bei Bischofsreut zurück.

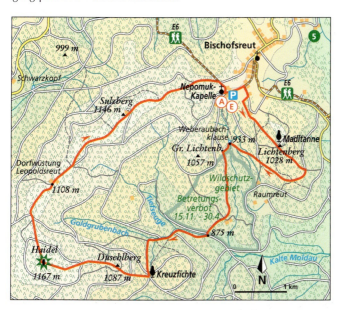

6 Zur Quellkirche am Tussetfels

Über den Tälern von Kalter und Warmer Moldau: Stožec [Tusset] – Stožecká kaple [Tussetkapelle] – Stožecká skála [Tussetfelsen] – Stožec   Karte: F 5

 leicht

 10 km

 3 Std.

 ↑ 250 m ↓ 250 m

 ja

Tourencharakter: Leichte Wiesen- und Waldwanderung auf fast durchgehend fahrradfähigen Wegen; lediglich der kurze Aufstieg zum Tussetfels folgt einem unwegsamen Steig.
Beste Jahreszeit: Mai bis Oktober.
Ausgangs-/Endpunkt: Gebührenpflichtiger Parkplatz im Dorf Stožec an der Böhmerwald-(Dampf-)Eisenbahnlinie České Budějovice – Černý Kříž – Nové Udolí.
Wanderkarte: Turistická Mapa 1:50 000, Blatt 66: Šumava Trojmezí (Klub Českých Turist ů) oder Topografische Karte 1:50 000, Blatt UK L 27:

Südlicher Bayerischer Wald (Bayerisches Landesvermessungsamt).
Markierung: Gelber Strich von Stočez bis zur Stožecká louka, blauer Strich von der Stočecká louka bis ins Tal der Kalten Moldau.
Verkehrsanbindung: B 12 Passau – Grenzübergang Philippsreuth – Stražny, kurz dahinter in Hliniště rechts abbiegen und über České Žleby nach Stožec.
Einkehr: In Stožec.
Unterkunft: Zwei Hotels befinden sich in Stožec.
Tourist-Info: Keine.
Mountainbikegeeignet: ja.

Diese idyllische Wiesen- und Waldwanderung führt von dem kleinen Ferienort Stožec im Tal der Kalten Moldau zur Tussetkapelle. Diese Kapelle in einem Naturschutzgebiet unterhalb des aussichtsreichen Tussetfelsens auf dem von Kalter und Warmer Moldau umflossenen Tussetberg ist die berühmteste Quellkirche des Böhmerwalds.

Der Wegverlauf

Vom gebührenpflichtigen Parkplatz im Dorf **Stožec** [Tusset] folgen wir der Markierung »gelber Strich« kurz auf der Straße ortsauswärts, überqueren die **Kalte Moldau** [Studená Vltava] und biegen auf den ersten halb rechts abzweigenden Weg ab. Der von alten Birken ge-

säumte Feldweg führt aussichtsreich durch die blumengeschmückten Feuchtwiesen des Bachs Mlynský potok am Fuß des Tussetbergs, dessen bewaldete Kuppe sich rechts über dem Wiesental rundet. An einer Sitzbank an der **Stožecká louka** [Tussetwiese] mündet er auf einen für den öffentlichen Verkehr gesperrten Asphaltweg, dem wir mit der Markierung »blauer

6

Strich« rechts hinauf folgen. Schon bald taucht der Weg in den Wald ein, passagenweise gesäumt von alten Eschen, und erreicht die Verzweigung **Pod Stožeckou skálou**, an der Tische und Bänke in einer Schutzhütte zur Rast laden. Wer mit dem Rad unterwegs ist, parkt hier, denn der Pfad zur Tussetkapelle ist für Fahrräder gesperrt: Markiert mit dem Zeichen »blaues Dreieck« leitet er steil unter alten Buchen aufwärts durch das Naturschutzgebiet und führt zur wunderschön im Wald am Fuß der Felsen gelegenen **Tussetkapelle** (1791/1865, restauriert 1989). Von hier leitet die Markierung »blaues Dreieck« weiter aufwärts auf einem stellenweise unwegsamen und ausgesetzten steilen Pfad, der in wenigen Minuten den **Tussetfels** [Stožecká skála] erreicht. Auf der von einem Bergkreuz überhöhten Felsrippe erwartet uns eine hervorragende Aussicht über das Tal der Kalten Moldau hinweg zum Kamm des Bayerischen und Böhmerwalds, auf dem sich als markanteste Berggestalten → **Plöckenstein** und → **Dreisesselberg** abheben.

Vom Tussetfels kehren wir zurück zur Kapelle und zur Verzweigung an der Schutzhütte. Dort folgen wir der Markierung »blauer Strich« auf dem Asphaltweg links weiter, bis sie an der Verzweigung **Pod Stožeckem** rechts auf einen Pfad wechselt und hinab in das Tal der Kalten Moldau (Richtungsangabe: Studená Vltava) führt. Wir überqueren den Fluss auf einer festen Holzbrücke, wenden uns flussaufwärts und stoßen auf die kleine, kaum befahrene Verbindungsstraße Nová Pec – Stožec. Ihr folgen wir in zehn Minuten zurück zum Ausgangspunkt in **Stožec**.

Am Fuß des Stoýzec hilft eine feste Brücke über das torfbraune Wasser der Kalten Moldau.

7 Durch den Kubany-Urwald

Ältester Urwald Mitteleuropas: Zátoň [Schattawa] – Boubínský prales [Kubany-Urwald] – Boubín [Kubany] – Zátoň   Karte: F 4/5

mittel

14 km

4 Std.

↑ 600 m
↓ 600 m

ja

Tourencharakter: Waldwanderung auf meist fahrradfähigen Wegen, aber auch auf steilen Fels- und Wurzelwegen.
Beste Jahreszeit: Juni bis September.
Ausgangs-/Endpunkt: Gebührenpflichtiger Parkplatz (835 m) bei Zátoň nördlich von Lenora, in Zátoň ausgeschildert Richtung »Boubín«.
Wanderkarte: Turistická Mapa 1:50 000, Blatt 66: Šumava Trojmezí (Klub Českých Turistů) oder Kompass Wanderkarte 1:50 000, Blatt 2002: Mittlerer Böhmerwald.

Markierung: Grüner Strich vom Ausgangspunkt bis zum Schwellteich und zur Wegespinne Na Křížkách; blauer und roter Strich von Na Křížkách auf den Boubín; blauer Strich vom Boubín zurück zum Schwellteich.
Verkehrsanbindung: B 12 Passau – Grenzübergang Philippsreut – Stražny, dort abbiegen nach Lenora.
Einkehr: Kiosk am Ausgangspunkt.
Unterkunft: In Lenora gibt es eine Pension und einen Campingplatz.
Tourist-Info: Keine.
Mountainbikegeeignet: überwiegend ja.

Diese Waldwanderung führt durch eines der ältesten Urwaldreservate Mitteleuropas. Das bewaldete Kubany-Massiv bildet den höchsten und mächtigsten Bergstock nördlich des Böhmerwald-Hauptkamms.

Der Wegverlauf

Am Parkplatz unweit des Bahnhofs von **Zátoň** [Schattawa] überqueren wir auf der Zufahrt den Kaplický potok [Kapellenbach] und folgen der Markierung »grüner Strich« auf einem für den öffentlichen Verkehr gesperrten Asphaltweg talaufwärts. Nach Unterqueren eines Eisenbahnviadukts passieren wir die als Naturschutzgebiets-Informationszentrum dienende **Idasäge** [Idina Pila] und erreichen die **Kapellenbachschwelle** [Boubínské jezírko]. An diesem zum Zweck der Holztrift aufgestauten Teich laden Tische, Bänke und Schutzhütte zur Rast,

7

Die ehemalige Ida-Säge im Kapellenbachtal ist heute Naturschutz-Informationsstelle; dahinter rundet sich der Gipfel des Kubany.

hier beginnt auch das Urwaldreservat **Boubínský prales**. Der Markierung »grüner Strich« Richtung »Boubín« folgend, steigen wir auf einem steilen, steinigen Weg neben dem durch einen Lattenzaun vor Mensch und Wild geschützten **Urwaldareal** aufwärts und wenden uns am oberen Ende auf einem Forstweg rechts. Unser Weg passiert eine Schutzhütte, dann zweigt die Markierung »grüner Strich« links auf einen Wurzelpfad in romantischem Wald ab; kurz nach Überschreiten eines Bachs mündet der Pfad wieder auf einen Forstweg, dem wir rechts hinab folgen, bis die grüne Markierung links hinauf abzweigt und bald nach Passieren eines einsamen Hauses mit Brunnen die Wegespinne **Na Křížkách** erreicht (Rastbänke und -tische). Von hier folgen wir der roten und der blauen Markierung auf einem steinigen Weg im Hochwald auf die steile, felsendurchsetzte Gipfelkuppe des **Kubany**

Special

Das Urwaldreservat Boubínský prales: Seit 1719/23 gehörte auch dieses Berggebiet den Reichsfürsten zu Schwarzenberg, den »Königen des Böhmerwalds«, die die forstliche Nutzung organisierten und im Kubany-Massiv ihr bevorzugtes Jagdrevier hatten. Sie ließen ein Jagdgatter errichten, in dem sie den Rothirsch im Böhmerwald wieder heimisch machten. 1833 wurde in der Kubany-Südflanke zum Zweck der Holztrift die Kapellenbachschwelle aufgestaut. 1858 ließ man die weitgehend unberührten Wälder in den Steilhängen oberhalb des Stauteichs als Naturschutzgebiet ausweisen. Um das Wild fern zu halten, wurde das Reservat mit einem Lattenzaun umgeben, und in den 70er Jahren trat auch ein Betretungsverbot in Kraft.

(1362 m). Vom Gipfel kehren wir zurück zur **Na Křížkách** und schließen uns der blauen Markierung Richtung »Boubinské jezírko« an; sie führt zurück zur Kapellenbachschwelle, von wo wir auf dem Aufstiegsweg das letzte Stück zum **Ausgangspunkt** zurückgehen.

Tipps

Der vom Schwellteich aus um das Urwaldreservat herumführende **Naturlehrpfad** ist nur 1,5 km lang und wird gern von Familien mit Kindern begangen.

Die Wildzucht findet heute am Hang des Bobík statt: Der von Volary heraufführende Wanderweg (Alternative) leitet dort durch das mehr als 2300 ha große **Boubíner Rotwildgehege**.

Das Gipfelbuch in einem Blechkassette neben dem Schwarzenberg-Denkmal (1867) belegt, dass der Kubany einer der meistbesuchten Berge des Böhmerwalds ist.

8 Zum Aussichtsturm auf dem Marsberg

Im nördlichen Vorland des Böhmerwalds: Lštění [Elstin] – Mářský vrch [Marsberg] – Lštění
Karte: F 4

 leicht

 7 km

3 Std.

↑ 350 m
↓ 350 m

 ja

Tourencharakter: Leichte Wiesen- und Waldwanderung auf meist fahrradfähigen Wegen.
Beste Jahreszeit: Mai bis Oktober.
Ausgangs-/Endpunkt: Parkplatz an der Bushaltestelle in Lštění; von Vimperk auf der 145 Richtung Husinec fahren und abbiegen Richtung Lštění.
Wanderkarte: Turistická Mapa 1:50 000, Blatt 69: Pošumaví Vimpersko (Klub Českých Turistů) oder Kompass Wanderkarte 1:50 000, Blatt 2002: Mittlerer Böhmerwald.

Markierung: Blauer Strich von Lštění zum Mářský vrch, Rückkehr mit gelbem, dann grünem Strich; alles ist auch namentlich ausgeschildert.
Verkehrsanbindung: B 12 Passau – Grenzübergang Philippsreut – Vimperk.
Einkehr: keine.
Unterkunft: In Vimperk gibt es mehrere Hotels und eine Jugendherberge.
Tourist-Info: keine.
Mountainbikegeeignet: ja.

Aufblick zum Marsberg, dessen Funkturm die Schönheit der Wanderung nicht beeinträchtigt.

Mit schönen Ausblicken auf das Massiv des Boubín [Kubany] und das nördliche Vorland des Böhmerwalds leitet diese Wiesen- und Waldwanderung auf den von einer Kapelle und einem Aussichtsturm überhöhten Gipfel des Mářský vrch [Marsberg], der sich an der Grenze zwischen dem Böhmerwald und dem Vorland erhebt. Dass auf dem ringumwallten Marsberg, der in heidnischer Zeit als Kultplatz gedient haben soll, ein Funkturm steht, ist unschön, beeinträchtigt aber nicht im Geringsten die wunderbare Aussicht.

Der Wegverlauf

Am Parkplatz des aussichtsreich gelegenen, winzigen Höhendorfs **Lštění** [Elstin] mit dem charakteristischen Zwiebelturm einer barocken Kirche gehen wir zum Wanderwegschild und folgen der Markierung »blauer Strich« Richtung »Mářský vrch«. Vor dem Ortsausgangsschild biegen wir mit der blauen Markierung rechts ab und wenden uns am Ende sehr aussichtsreich wiederum rechts – Blick auf das nördliche Vorland –, dann führt der schmale, holprig asphaltierte Hangweg links zwischen Bäumen und Buschwerk dahin und passiert wenig später ein Kruzifix. Mehrfach öffnet sich der

8

Aus den Wiesen am Marsberg schweift der Blick zum Kubany.

Blick südwärts über Wiesen hinweg auf das mächtige Kubany-Massiv, während sich am Horizont der → **Plöckenstein** auf dem Böhmerwald-Hauptkamm zeigt. Nach einer Verzweigung – hier führt die Markierung links weiter – senkt sich der Weg kurz abwärts und erreicht das Wegedreieck **U Lysé Skály**. Hier biegen wir nach rechts ab und wandern auf einem für den öffentlichen Verkehr gesperrten Asphaltweg zum **Marsberg** hinauf, zuletzt begleitet von den Stationen eines **Kreuzwegs**. Der an die Rundkapelle angebaute **Aussichtsturm**, unterhalb dessen ein Blockmeer den Steilhang deckt, gewährt ein wunderbares Panorama.

Vom Marsberg leitet die Markierung »gelber Strich« auf einem Pfad durch den Nordhang Richtung »Čkyně«. Am ersten kreuzenden Hangweg kurz vor dem Ende des Walds wenden wir uns unmarkiert rechts und treffen wenig später beim Weiler **Brdo** auf die Markierung »grüner Strich«: Sie leitet, anfangs in aussichtsreichen Wiesen, dann im Wald, auf einem Grasweg nach **Lštění** zurück.

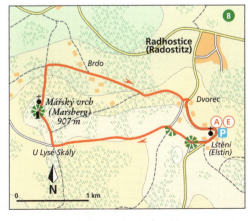

9 Rund um das Königsfilz

Schönster Moorsee des Böhmerwalds: Borová Lada [Ferchenhaid] – Chalupská slať [Königsfilz] – Alpská vyhlídka [Alpenblick]   Karte: F 4/5

leicht

15 km

4 Std.

↑ 250 m
↓ 250 m

ja

Tourencharakter: Leichte Wiesen- und Waldwanderung auf fast durchgehend fahrradfähigen Wegen.
Beste Jahreszeit: Juli bis Herbst.
Ausgangs-/Endpunkt: Parkplatz 1 km nordwestlich des Dorfs Borová Lada an der Straße Richtung Kvilda.
Wanderkarte: Turistická Mapa 1:50 000, Blatt 69: Pošumaví Vimpersko (Klub Českých Turistů) oder Kompass-

Wanderkarte 1:50 000, Blatt 2002: Mittlerer Böhmerwald.
Markierung: Grüner, gelber und roter Strich sowie namentliche Ausschilderungen.
Verkehrsanbindung: B 12 Passau – Grenzübergang Philippsreut – Horní Vltavice, dort links abbiegen Richtung Kvilda.
Einkehr: Borová Lada, České Chalupy.
Mountainbikegeeignet: ja.

Diese idyllische Wiesen- und Waldwanderung führt zum Moor Chalupská slať [Königsfilz] mit dem größten Moorsee Tschechiens und weiter zum »Alpenblick«.

Der Wegverlauf

Vom Parkplatz bei **Borová Lada** [Ferchenhaid] folgen wir der grünen Markierung Richtung »Chalupská slať« auf einem für den öffentlichen Verkehr gesperrten Weg an den wenigen Häusern von **Svinná Lada** [Seehaid] vorbei – in einem der Häuser können Erfrischungen gekauft werden. An den Informationstafeln beim Fahrradparkplatz beginnt ein Bohlenweg, der in das **Chalupská slať** [Königsfilz] leitet.

Aussichts-plattform am Moorsee im Königsfilz.

Das als Naturschutzgebiet ausgewiesene Königsfilz in einem weiten, wannenförmigen Bachtal ist eines der bedeutendsten und schönsten Hochmoore des Böhmerwalds. Touristisch erschlossen ist das 140 ha große Moor durch einen Bohlenweg, der in großem landschaftli-

chem Abwechslungsreichtum durch eine Engelwurz-Seggen-wiese mit alten Einzelbirken in die verwaldete Randzone des Moors führt und dann neben Legföhren, Wollgräsern, Birken, Heidel- und Krähenbeeren-sträuchern zur hölzernen Aussichtsplattform am **Moor-see** leitet. Der mit 1,3 ha größte Moorsee des Böhmerwalds und Tschechiens ist ein natürlicher See, der sich im Lauf der Jahrtausende durch verstärktes Wachstum der Moospflanzen an seinen Rändern gebildet hat. Die Mächtigkeit der Torfschicht, auf der die Pflanzen wachsen, beträgt bis zu sieben Meter. Beim Zurückwandern auf dem Bohlenweg (mit Tafeln eines **Naturlehrpfads**) ist deutlich erkennbar, dass das Gebiet links des Wegs früher zum Zweck der Torfgewinnung entwässert wurde: Die Vegetation ist von Birken geprägt,

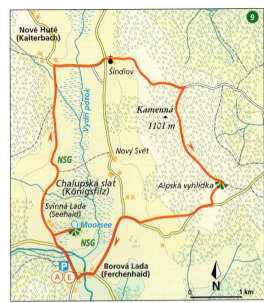

während in dem naturnahen Gebiet rechts des Wegs typische Moorbewohner wachsen.

Zurück am Fahrradparkplatz, folgen wir der grünen Markierung aussichtsreich rechts am Rand des Moorschutzgebiets. Deutlich zu erkennen ist die flache Talwanne, in der sich das Moor im Lauf der Jahrtausende gebildet hat; natürlich entwässert wird es durch den kleinen Bach Vydří potok, der bei Borová Lada in die Warme Moldau mündet. Jenseits des Tals erkennen wir rechts als Ziel den Bukovec mit der Aussichtsstelle Alpská vyhlídka. Kurz vor **Nové Hutě** [Kalterbach] biegen wir mit der Markierung »gelber Strich« rechts ab und durchwandern die auf moorigem Grund wachsenden Talwiesen. Nach Überqueren des Bachs kreuzen wir eine Straße, gehen geradeaus an der renovierten Kapelle von **Šindlov** vorbei aufwärts und biegen im Wald mit der roten Markierung rechts zum buchengeschmückten Berg **Bukovec** ab. Hier ist die Abzweigung zur aussichtsreichen Bergwiese **Alpská vyhlídka** ausgeschildert. Von der Bergwiese wandern wir hinab zur kleinen Straße und folgen ihr mit der grünen Markierung rechts hinab nach **Borová Lada**, wo Einkehrmöglichkeit besteht. Nun noch zehn Minuten entlang der Straße Richtung Kvilda, weiterhin mit der grünen Markierung, bis zum Ausgangspunkt.

10 Zur Quelle der Moldau

Ursprung des tschechischen Nationalflusses: Kvilda [Außergefild] – Teplá Vltava [Warme Moldau] – Pramen Vltavy [Moldauquelle] – Kvilda   Karte: E 4/5

 leicht

 14 km

 4 Std.

 ↑ 300 m ↓ 300 m

 ja

Tourencharakter: Leichte Waldwanderung auf fahrradfähigen Wegen zur Quelle der Moldau.
Beste Jahreszeit: Ganzjährig, im Winter auf Ski.
Ausgangs-/Endpunkt: Gebührenpflichtige Parkplätze in Kvilda (1060 m).
Wanderkarte: Turistická Mapa 1:50 000, Blatt 65: Šumava Povydří (Klub Českých Turistů) oder Kompass Wanderkarte 1:50 000, Blatt 2002: Mitt. Böhmerwald.
Markierung: Blauer Strich bis zur

Moldauquelle und weiter, dann roter Strich Richtung Bučina, Rückweg grüner Strich.
Verkehrsanbindung: B 12 Passau – Grenzübergang Philippsreut – Horní Vltavice, dort links abbiegen Richtung Kvilda.
Einkehr: In Kvilda.
Unterkunft: In Kvilda finden sich mehrere Pensionen und eine Berghütte.
Tourist-Info: keine
Mountainbikegeeignet: ja

Vom Ferien- und Wintersportort Kvilda [Außergefild], dem höchstgelegenen Dorf Böhmens, führt diese durchgehend fahrradfähige, idyllische Wiesen- und Waldwanderung zur Quelle der Warmen Moldau.

Der Wegverlauf

Aus dem Quelltopf-Auslauf wird das Wasser der jungen Moldau geschöpft, getrunken oder in Flaschen gefüllt.

Von **Kvilda** folgen wir der Markierung »blauer Strich« wenige Minuten auf der Asphaltstraße Richtung Bučina und zweigen hinter dem letzten Parkplatz halb rechts auf den Feldweg in das Tal der **Warmen Moldau** [Teplá Vltava] ab. Wir wandern quellwärts, und schon bald laden Bänke und Tisch zur Rast mit Blick über das Tal hinweg auf den bewaldeten Tetřev [Honifberg]. Wenig später taucht der Weg in den Wald ein, an allen Verzweigungen weisen die Markierung »blauer Strich« und die Richtungsangabe »Pramen Vltavy« die Route. Von der Moldau selbst ist im Hochwald nichts zu sehen, gelegentlich dringt ein Rauschen herauf, bis wir sie schließlich auf einer Brücke überqueren: ein munter dahinrauschendes Bächlein. Bald darauf laden noch einmal Bänke und Tische zur Rast, dann treten wir in das Moldauquell-Naturschutzgebiet ein und erreichen die **Moldauquelle** [Pramen Vltavy]. Trotz zahlreicher Fuß- und Radwanderer, die die Quelle aufsuchen,

Tipp

Abkürzung: Zwischen Kvilda und dem tschechisch-bayerischen Waldgeschichts-Informationszentrum Bučina [Buchwald] pendelt in der Hauptsaison ein Bus; wer diese Möglichkeit wahrnimmt, hat von Kvilda bis Bučina nur 9 km zurückzulegen.

10

Waldgeschichtliches Wandergebiet: Wer die Wanderung mit dem Bus Bučina – Kvilda abkürzt, hat die Gelegenheit, von Bučina aus das Waldgeschichtliche Wandergebiet von Mauth-Finsterau auf der bayerischen Seite der Grenze zu erkunden. Zu den landschaftlichen Höhepunkten zählt die von Fichten umrahmte **Reschbachklause**, einer der größten und schönsten unter den zahlreichen Teichen, die im 19. Jahrhundert zum Zweck der Holztrift im Bayerischen Wald aufgestaut wurden; sie liegt nur gut einen Kilometer Luftlinie von der Moldauquelle entfernt.

herrscht eine ruhige, fast ehrfürchtige Stimmung am Ursprung des Flusses, dessen Lauf Bedřich Smetana in der sinfonischen Dichtung »Vltava« [Die Moldau] ein weltberühmtes Denkmal gesetzt hat. Tatsächlich ist Pramen Vltavy nicht die Quelle der Moldau schlechthin, sondern die Quelle der Warmen Moldau [Teplá Vltava], während die Kalte Moldau [Studená Vltava] am Haidel (→ **Wanderung 5**) bei Haidmühle entspringt. Kalte und Warme Moldau vereinigen sich unterhalb des Stožec-Bergkegels (→ **Wanderung 6**), erst von dort an trägt der Fluss den Namen ohne Zusätze.

Von der Moldauquelle, bei der Schutzhütte und Bänke zur Rast laden, folgen wir der Markierung »blauer Strich« geradeaus weiter im Hochwald und treffen nach wenigen Minuten auf eine Verzweigung kurz vor der tschechisch-deutschen Grenze. Hier zweigen wir mit der Markierung »roter Strich« links auf den Forstweg Richtung »Bučina« hinauf ab. Der roten Markierung nach Überschreiten einer Höhe abwärts folgend, bieten sich an der nächsten Verzweigung folgende Varianten an: Rechts führt die rote Markierung zum tschechisch-bayerischen Waldgeschichts-Informationszentrum in **Bučina** [Buchwald] an einem tschechisch-deutschen Wandergrenzübergang; wenn wir unmarkiert links weiterwandern, stoßen wir nach wenigen Minuten auf die für den öffentlichen Verkehr gesperrte Verbindungsstraße von Bučina nach Kvilda und folgen ihr – sie ist mit dem Zeichen »grünen Strich« markiert – zurück zum Ausgangspunkt.

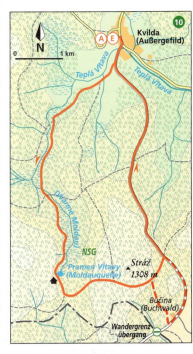

11

Zum Großalmeyerschloss

Felswandergebiet des Nationalparks: Sagwasser-Säge – Mauth – Großalmeyerschloss – Sagwasser-Säge

Karte: E 5

mittel

16 km

6 Std.

↑ 700 m
↓ 700 m

bedingt

Tourencharakter: Waldwanderung meist auf Wurzelwegen, die festes Schuhwerk erfordern.
Beste Jahreszeit: Mai – September.
Ausgangs-/Endpunkt: Parkplatz Sagwassersäge (750 m) westlich von Mauth, erreichbar über die Nationalparkstraße Richtung Neuschönau.
Wanderkarte: Topografische Karte 1:50 000, Blatt UK L 27: Südlicher Bayerischer Wald oder Topografische Karte 1:25 000, Blatt UK 3: Nationalpark Bayerischer Wald (Bayerisches Landesvermessungsamt).
Markierung: Drei Bäume bis zum Felswandergebiet, Eisvogel bis Mauth, grünes Dreieck bis zum Großalmeyerschloss, Blume auf der Tummelplatzstraße.
Verkehrsanbindung: B 12 Passau – Freyung – Philippsreut und abbiegen nach Mauth.
Einkehr: Mauth.
Unterkunft: In Mauth gibt es sechs Gasthöfe, sieben Pensionen und 20 Privatvermieter, außerdem zwei Jugendherbergen und ein Jugendgästehaus.
Tourist-Info: Verkehrsamt Mauth, Giesekestraße 2, D-94151 Mauth, Tel. 0 85 57-96 00 85, Fax 0 85 57-96 00 15.
Mountainbikegeeignet: nein.

Diese Ganztagswanderung führt durch das »Felswandergebiet« des Nationalparks Bayerischer Wald und hinauf zum Großalmeyerschloss auf dem Hohlstein, einem hervorragenden Aussichtsfelsen.

Im Felswandergebiet bei Mauth.

Der Wegverlauf

Vom Parkplatz **Sagwasser-Säge** folgen wir der Markierung »Drei Bäume« durch romantischen Fichten-Buchen-Tannen-Wald zu den Felsen des **Ochsenriegels** (834 m) hinauf, einer Felsbastion, auf der Sitzbänke im Wald zur Rast laden. Bequem leitet das Zeichen »drei Bäume« weiter durch stimmungsvollen Wald zur **Ochsenriegel-Schutzhütte** auf dem Hirschberg (864 m), dann erreichen wir die Fast-Urwälder des **Felswandergebiets**. An der Verzweigung an der ersten Informationstafel führt die »Bäume«-Markierung links hinauf zum ausgeschilderten **Aussichtspunkt** (960 m), einem Felsensemble mit Blick zum Rachel; eine Panoramaorientierungstafel benennt weitere Punkte im Blickfeld.

Tipp

Für jüngere **Kinder** ist die gesamte Wanderung entschieden zu lang. Mit ihnen ist es am besten, zunächst einmal nur das Felswandergebiet zu erkunden. Startpunkt hierfür ist der Wanderparkplatz am Jugendwaldheim; dort ist ein 3 km langer Rundwanderweg ausgeschildert.

Vom Aussichtspunkt steigen wir kurz zurück, folgen dem »Bäume«-Zeichen links zur Schutzhütte an der **Kleinen Kanzel** und wandern weiter Richtung »Seefilz«, bis wenig später der mit dem Zeichen »Eisvogel« markierte Weg rechts Richtung »Große Kanzel« abzweigt. Die mit einem Bergkreuz bezeichnete **Große Kanzel** (1002 m) ist ein wuchtiger Granitkoloss mit Blick Richtung Haidel. Von der Großen Kanzel leitet das »Eisvogel«-Zeichen schnurgerade im Wald hinab zur Wegespinne **Am Taferl** (872 m); das Taferl ist ein winziges Marienbild. Nach

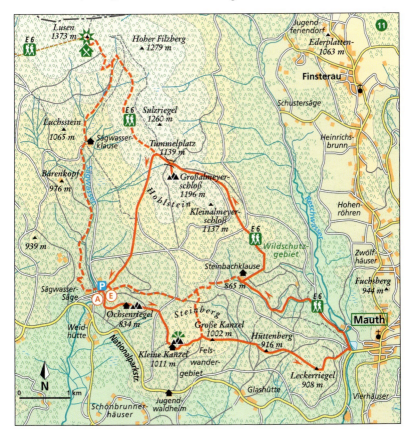

11

Immer wieder begleiten uns auf den Wanderungen im Bayerischen Wald lebendige Wildwasser.

kurzem Zwischenanstieg zu den **Leckerriegel**-Felsburgen (908 m) wandern wir hinab zum Parkplatz am Ortsrand von **Mauth**. Wer einkehren will, erreicht von hier aus in wenigen Minuten das Dorf.

Vom Parkplatz folgen wir der Markierung »grünes Dreieck« links Richtung »Steinbachklause« und wandern neben dem in Kaskaden herabtanzenden Bach aufwärts, bis wir die **Steinbachklause** (865 m) erreichen, einen winzigen Triftteich mit Schutzhütte. Hier beginnt, weiterhin markiert mit dem Zeichen »grünes Dreieck«, der recht steile Aufstieg zum **Tummelplatz** (1139 m), einer Wiese mit Rastplatz und Diensthütte. Am Rand der Wiese geht ein ausgeschilderter Steig ab, der in wenigen Minuten auf die gewaltige Felsbastion **Großalmeyerschloss** (1196 m), den markantesten Felsen des

Tipps

In Mauth-Finsterau befinden sich das **»Freilichtmuseum Bayerischer Wald«** und an der Grenze zu Tschechien ein waldgeschichtliches Wandergebiet mit einem Wander-, Rad- und Skigrenzübergang; dort wurde in Bučina [Buchwald] ein deutsch-tschechisches **Waldgeschichts-Informationszentrum** eingerichtet.

Hohlsteins, führt: Der Blick fällt auf Rachel und Lusen und weitere Nationalparkberge, unten liegen das Reschwassertal und die Häuser von Mauth und Finsterau.

Vom Großallmeyerschloss kehren wir zurück zum **Tummelplatz**, folgen dem Zeichen »grünes Dreieck« kurz weiter Richtung »Lusen« und biegen dann links auf die Tummelplatzstraße ab. Dieser mit einem »Blumen«-Zeichen markierte, breite Weg führt rasch abwärts und zum Ausgangspunkt an der Sagwassersäge zurück.

Via Buchberger Leite auf den Kreuzberg

Durch Wildwasserschluchten: Wolfsteiner Ohe – Buchberger Leite –
Kreuzberg – Wolfsteiner Ohe   Karte: E 5/6

12

Tourencharakter: Durch die wildroman-
tischen Bachtäler führen Fels- und Wur-
zelsteige, die festes Schuhwerk erfordern; am Kreuzberg gibt es aussichtsreiche Feld- und Asphaltwege.
Beste Jahreszeit: Mai bis Oktober.
Ausgangs-/Endpunkt: Parkplatz (420 m)
am südlichen Ortsrand von Ringelai an
der Straße Richtung Freyung, und zwar
fast gegenüber der Straßenbrücke über
die Wolfsteiner Ohe.
Wanderkarte: Topografische Karte
1:50 000, Blatt UK L 27: Südlicher
Bayerischer Wald (Bayerisches Landesvermessungsamt) oder Fritsch Wanderkarte 1:50 000, Blatt 62: Südlicher
Bayerischer Wald.

Markierung: Wechselnde Markierungen
und namentliche Ausschilderungen.
Verkehrsanbindung: B 12 Passau –
Freyung.
Einkehr: Bierhütte, Kreuzberg, Ahornöd
und Ringelai.
Unterkunft: Im Kurort Freyung finden
sich vier Hotels, drei Gasthöfe und
sechs Pensionen; hinzu kommen drei
Feriendörfer mit 54 Häusern.
Tourist-Info: Touristinformation/Kurver-
waltung Freyung, Kurhaus,
D-94075 Freyung, Tel. 0 85 51-5 88 50,
Fax 0 85 51-5 88 55.
Mountainbikegeeignet: nein.

 mittel

 22 km

 6 Std.

 ↑ 500 m ↓ 500 m

☺ nein

Durch die von Wildwassern durchbrausten Schluchttäler von Wolfsteiner Ohe und Reschbach führt diese abwechslungsreiche Wanderung auf den aussichtsreichen Kreuzberg.

Der Wegverlauf

Vom Parkplatz am Ortsrand von → **Ringelai** folgen wir der Freyunger
Straße knapp 1 Min. aufwärts und zweigen links in das Tal der **Wolf-**

*Blick zum
Kreuzberg.*

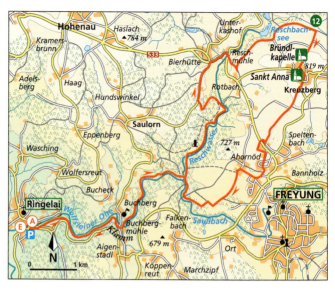

steiner Ohe ab, die bachaufwärts die Route weist, anfangs in Wiesen, dann im Wald. Auf schmalen Wegen, Pfaden und Felssteigen geht es durch den steilen, von prächtigem Mischwald bedeckten, felsendurchsetzten Hang, gelegentlich geländergesichert; an einer Stelle überspannt eine Hängebrücke den Bach. Nach Passieren eines Karbidwerks durchschreiten wir einen Felstunnel und erreichen die von Felswänden umstandene Klamm der **Buchberger Leite**. Felsig und wurzelig führt der Pfad bachaufwärts, an einer Kaskade mit Strudeltöpfen laden Sitzbänke zur Rast, dann empfangen uns ein wildromantischer Laubwald und mächtige Felsburgen. Wenig später mündet der Saußbach ein: Hier vereinigen sich Reschbach und Saußbach zur Wolfsteiner Ohe. Oberhalb der Saußbacheinmündung überqueren wir auf einer Holzbrücke den Reschbach, erneut laden Sitzbänke zur Rast. Unser mit dem Zeichen »Silberdistel« markierter Weg führt weiter reschbachaufwärts, bis wir oberhalb eines Elektrizitätswerks die **Reschbachleite** betreten: In üppigem Buchenmischwald führt der Pfad bachaufwärts neben Blockwerk und flechtenüberzogenen Felswänden.

Tipp

Für **Kinder** ist die Wanderung zu lang. Mit kleinen Kindern ist es am besten, nur durch die Buchberger Leite und durch die Reschbachleite zu gehen. Mehrere kinderfreundliche Ausflugsziele finden sich darüber hinaus in der Nähe des Ausgangspunkts bei Ringelai.

12

Schließlich verlässt der »Silberdistel«-Weg die Reschbachleite und führt nach **Bierhütte** hinauf. Dort folgen wir kurz der Straße talwärts, wenden uns nach Überqueren des Reschbachs links (Richtung Schönbrunn) und wandern sofort rechts aufwärts auf einem unmarkierten Wiesenweg. Er taucht in den Wald ein und führt am **Reschbachsee** vorbei. Wenig später wandern wir in aussichtsreichen Wiesen rechts hinauf auf den **Kreuzberg**. Die 1744 neu errichtete **Bründlkapelle** steht am Nordrand des Gipfelsdorfs. Von hier bietet sich ein hervorragender Blick zu Lusen, Rachel und Arber und anderen Bergen im Nationalpark. Von der Quellkapelle wandern wir weiter ins Dorf, wo wir beim Brunnen neben der Kirche eine Informationstafel zum »Goldenen Steig« finden. Die **Sankt-Anna-Kirche** (15. Jh., Turm 1903) war früher ein viel besuchtes Wallfahrtsziel. Vom Brunnen bei der Kirche folgen wir der »Säumer«-Markierung des **Goldenen Steigs** aussichtsreich abwärts Richtung Freyung. Nach Queren einer Straße verlassen wir den Goldenen Steig und gehen auf einer Asphaltstraße geradeaus (Richtung »Bauhof«), überschreiten auf einem Schotterweg einen Wiesenrücken, erreichen das Dorf **Ahornöd** und sehen dort bei einer Kapelle die Markierung »1«: Sie führt zurück in die Buchberger Leite und zum Ausgangspunkt.

Als »Leiten« werden tief eingeschnittene Täler einschließlich ihrer schluchtwaldbestockten Steilhänge bezeichnet.

Frühling am Kreuzberg.

13 Über die Himmelsleiter auf den Lusen

Zum schönsten Blockhaupt des Bayerischen Walds: Fredenbrücke – Lusen – Waldhäuser – Fredenbrücke
Karte: E 5

 mittel

 12 km

 5 Std.

 ↑ 600 m ↓ 600 m

 ja

Tourencharakter: Diese abwechslungsreiche Wald- und Aussichtswanderung führt teilweise steil über Wurzelwege und grobblockiges Gelände und erfordert Trittsicherheit und festes Schuhwerk.
Beste Jahreszeit: Juni bis September.
Ausgangs-/Endpunkt: Wanderparkplatz und Bushaltestelle Fredenbrücke (830 m) bei Neuschönau-Waldhäuser an der Stichstraße zum Lusen-Parkplatz.
Wanderkarte: Topografische Karte 1:25 000, Blatt UK 3: Nationalpark Bayerischer Wald oder Topografische Karte 1:50 000, Blatt UK L 27: Südlicher Bayerischer Wald (Bayerisches Landesvermessungsamt).
Markierung: Grünes Dreieck bis zum Lusengipfel; dann Luchs-Markierung, ab dem Lusen-Parkplatz wieder grünes Dreieck.

Verkehrsanbindung: B 12 Passau – Freyung und weiter nach Neuschönau. Lusen-Bus Neuschönau – Fredenbrücke – Waldhäuser – Lusen-Parkplatz. Einkehr: Lusenschutzhaus, Waldhäuser.
Unterkunft: Das Lusenschutzhaus (1340 m) ist von Mai bis Oktober sowie in den Weihnachtsferien bewirtschaftet; Übernachtungsmöglichkeit auf Anfrage, 94556 Waldhäuser, Tel. 0 85 53-12 12. Auf dem Gebiet der Gemeinde Neuschönau befinden sich fünf Hotels, sechs Gasthöfe, zwölf Pensionen und zwei Jugendherbergen.
Tourist-Info: Tourismusbüro Neuschönau, Kaiserstraße 13, D-94556 Neuschönau, Tel. 0 85 58-96 03 31, Fax 0 85 58-96 03 77.
Mountainbikegeeignet: nein.

Der Bergbach-Naturlehrpfad entlang der Kleinen Ohe, die stimmungsvolle Martinsklause, die von Felsblöcken gefüllte Teufelsloch-Schlucht, die steinerne »Himmelsleiter« und das Panorama auf dem Blockhaupt des → **Lusen** zählen zu den Höhepunkten dieser abwechslungsreichen Wanderung im Nationalpark Bayerischer Wald an der Grenze zu Böhmen.

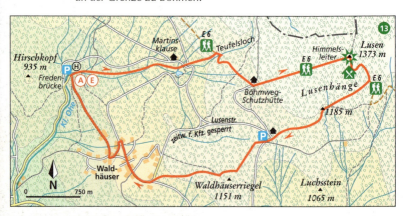

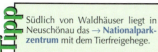

Tipp

Südlich von Waldhäuser liegt in Neuschönau das → **Nationalpark-zentrum** mit dem Tierfreigehege.

13

Der Wegverlauf

Nach Überschreiten der Kleinen Ohe beim Waldparkplatz **Freden-brücke** weisen der Bach und die Markierung »grünes Dreieck« in artenreichem Schluchtwald die Route bergan, begleitet von den Tafeln eines **Bergbach-Naturlehr-pfads**. Die im Stangenfilz entspringende Kleine Ohe ist einer der Hauptquellbäche der Ilz; unterhalb von Grafenau vereinigt sie sich bei Eberhardsreuth mit der am Rachel entspringenden Großen Ohe zur Ilz. Neben dem in Kaskaden über Blockwerk spielenden Bach führt der Weg zur **Martinsklause** hinauf, einem idyllisch gelegenen Teich, der im 19. Jahrhundert zum Zweck der Holztrift aufgestaut wurde; eine Lehrtafel weist darauf hin, welche gravierenden Verän-derungen eingetreten sind, nachdem 1871 die Staumauer errichtet wurde. Als Kulturdenkmal wurde die Klause Ende der 1970er Jahre restauriert. Ein Rundweg führt um den fichtenumstandenen Teich, Bänke und eine Schutzhütte laden zur Rast.

Oberhalb der Martinsklause führt die Markierung »grünes Dreieck«, der sich zwischenzeitlich das Wanderzeichen »Eichhörnchen« zuge-sellt, durch das **Teufelsloch**, einen mit Granitblöcken gefüllten Schluchtab-schnitt der Kleinen Ohe; unsichtbar fließt der Bach unter dem zwei bis drei Meter mächtigen Blockwerk dahin. In dieser feucht-kühlen, schattigen Schlucht, in der bis in den Juni hinein Schnee liegen kann und in deren Nord-flanke das seltene Leuchtmoos wächst, wird das Geräusch des Wassers durch die Blockschicht derart verfremdet, dass es nicht als Fließgeräusch wahrnehmbar ist: ein seltsames Brummen, das die Sa-ge als Rauschen des Höllenfeuers deu-tet: »Die Stelle ist verrufen, selbst die Wildschützen meiden sie. Ein grässli-ches Ungeheuer, wahrscheinlich der Teufel selber, haust in den sperrigen Bäumen und wirft auf jeden, der in die Nähe kommt, mit glühenden Tannen-

Aussichtsrei-che Gipfelrast auf dem Lusen.

13

zapfen, die dann spurlos im Gestein verschwinden.« Nur die Haberfeldtreiber sollen im Teufelsloch ihre geheimen Versammlungen abgehalten haben; das Haberfeldtreiben entstand im 18. Jh. als Rügebrauch bei Verstößen gegen »Sitte und Brauch«: Selbst ernannte Sittenwächter, die Haberer, zogen

Tipp

Wer die Wanderung abkürzen will, startet am Lusen-Parkplatz am Ende der Stichstraße oberhalb von Waldhäuser; die Stichstraße ist ab dem oberen Ortsausgang von Waldhäuser (Parkplatz und Bushaltestelle Waldhäuser-Ausblick) von 9–18 Uhr für den öffentlichen Verkehr gesperrt; stündlich fährt jedoch der Lusen-Bus vom Hans-Eisenmann-Haus (Nationalpark-Informationszentrum) zum Lusen-Parkplatz.

nachts in Verkleidung zu den Häusern der zu Rügenden, veranstalteten ein Höllenspektakel und sangen Straf- und Spottverse; 1896 wurde der Geheimbund aufgelöst.

Vom Teufelsloch führt unsere Markierung weiter zur **Böhmweg-Schutzhütte** und dann auf dem »Lusen-Sommerweg« im Fichtenhochwald gipfelwärts; die Fichtenbestände sind hier durch Borkenkäferbefall schwer geschädigt bzw. weitflächig abgestorben, dafür verjüngen sich munter Laubbäume wie die Eberesche, und auch die Buchen grünen wie eh und je. Der steinige, wurzelige Sommerweg folgt schnurgerade einer alten Waldabteilungslinie zur **Himmelsleiter**. Hinter dieser phantasievollen Bezeichnung verbirgt sich eine holperige Steintreppe im Wald, deren Steilheit einigen Wanderern Mühe bereitet. Manche Stufen sind eingesunken, vor allem beim Abwärtssteigen bei Nässe ist Vorsicht geboten. Steil führt die Himmelsleiter hinauf zum Waldsaum, wo sich unvermittelt »der Himmel« öffnet. Auf der Spitze des grüngelben Gipfelblockfelsen erblicken wir ein schlichtes Bergkreuz. Nach dem Schlussanstieg auf dem steil abfallenden Gipfelblockfeld empfängt auf dem **Lusen** (1373 m) eines der umfassendsten Panoramen des Bayerischen und Böhmerwalds. Jenseits des benachbarten Rachel zeigt sich im Nordwesten als höchste Bergbastion des Waldgebirges der Arber, südostwärts schweift der Blick zum Dreisessel-Plöckenstein-Kamm und ins österreichische Mühlviertel. Im Norden weitet sich auf böhmischer Seite das Maderplateau, bei Föhn zeigt sich die Kette der Alpen. Den unteren Rand des Blockfelds säumen im Norden und Osten geschlossene Legföhrenfelder, vereinzelt kommen an Stellen, an denen sich Humus gebildet hat, Wetterfichten vor. Die auf dem Blockwerk siedelnden Landkartenflechten verleihen der Lusen-Kuppe ihre gelbgrüne Farbe, und dieses charakteristische gelbgrüne, kahle Block-

13

haupt über den Wäldern ist je nach Himmelsrichtung auch aus den Tälern zu sehen, am schönsten auf böhmischer Seite von den Höhen über dem Madertal aus (→ **Wanderung 16**)

Nationalpark-Mitarbeiter erteilen auf dem Gipfel Auskünfte, wobei die meistgestellte Frage sich auf den Borkenkäfer bezieht: Der »Wald« bis zum benachbarten Rachel hinüber ist weitflächig befallen und präsentiert sich »weiß-silbrig«. Dies war der Stand im Herbst 1999, ein Auskunft gebender Nationalpark-Ranger ging davon aus, dass die abgestorbenen Bäume von den Herbst- und Winterstürmen umgeweht werden, im Verlauf von zwei Jahrzehnten zu Humus verwittern und die Basis für einen neuen, natürlichen Wald bilden werden.

Vom Gipfelkreuz gehen wir zum **Lusenschutzhaus** hinab und folgen der Markierung »Luchs« auf dem bequemen Lusen-Winterweg im Wald abwärts durch die südlichen **Lusenhänge**; der Wald macht hier einen weniger geschädigten Eindruck, da hier mehr Buchen wachsen, zwischendurch lädt eine Sitzbank bei einem Brunnen zur Rast. Der »Winterweg« endet am **Lusenparkplatz** bei der Bushaltestelle; dort gehen wir kurz auf dem Sommerweg rechts hinauf, bis die Markierung »grünes Dreieck« links hinab abzweigt. Nach Queren der Straße folgen wir dem »grünen Dreieck« durch eine mit Planken ausgelegte nasse Senke, steigen Richtung **Waldhäuserriegel** (1151 m) auf und erreichen kurz vor dem Gipfel eine Felskanzel, die durch einen Steig erschlossen ist und einen gemütlichen Rastpunkt bildet. Von hier leitet die Markierung »grünes Dreieck« in den Ort **Waldhäuser** hinab, folgt dort mit hervorragendem Rachelblick der Nationalparkstraße, zweigt in einer Serpentine mit Wassertretbecken und Brunnen geradeaus auf einen Weg in den Wald ab, steigt sacht und kurz ein letztes Mal an und leitet dann auf einem Weg in prachtvollem Wald zum Ausgangspunkt an der Fredenbrücke zurück.

Im Wald beginnt die »Himmelsleiter« zum Lusen.

14 Zum Rachelsee und auf den Rachel

Urwald- und Eiszeitlehrpfad: Gfällparkplatz – Rachelsee – Rachelkapelle –
Großer Rachel – Gfällparkplatz   Karte D/E 5

 mittel

 18 km

 6 Std.

 ↑ 850 m
↓ 850 m

 nein

Tourencharakter: Überwiegend bequeme Waldwanderung mit einigen steileren Wurzel- und Felspassagen, die festes Schuhwerk erforderlich machen.
Beste Jahreszeit: Juni bis September.
Ausgangs-/Endpunkt: Gfällparkplatz (950 m) nördlich von Spiegelau; die Straßen zum Gfällparkplatz und zum Parkplatz an der Racheldiensthütte sind saisonal für Pkw gesperrt; sie sind dann mit dem Nationalparkbus erreichbar.
Wanderkarte: Topografische Karte 1:25 000, Blatt UK 3: Nationalpark Bayerischer Wald oder Topografische Karte 1:50 000, Blatt UK L9: Naturpark Bayerischer Wald (Bayerisches Landesvermessungsamt).
Markierung: Auerhahn-Markierung vom

Gfällparkplatz zum Rachelsee, auf den Großen Rachel und zurück; Specht-Markierung vom Rachelsee, zur Felsenkanzel, zur Rachelsee-Diensthütte und zurück zum Rachelsee.
Verkehrsanbindung: B 12 Passau – Freyung, dann über Grafenau nach Spiegelau.
Einkehr: Waldschmidthaus, Racheldiensthütte (keine Übernachtung!).
Unterkunft: In Spiegelau gibt es sieben Hotels, sechs Gasthöfe und 14 Pensionen sowie einen Campingplatz.
Tourist-Info: Verkehrsamt Spiegelau, Hauptstraße 30, D-94518 Spiegelau, Tel. 0 85 53-96 00 17, Fax 0 85 53-96 00 42.
Mountainbikegeeignet: nein.

Totenbrett unterhalb des Gasthauses am Rachelgipfel.

Diese abwechslungsreiche Nationalpark-Wanderung führt zum idyllischen Rachelsee und auf die aussichtsreiche Felsenkanzel sowie auf den Großen Rachel, einen der schönsten Gipfel des Bayerischen Walds.

Der Wegverlauf

Vom **Gfällparkplatz** folgen wir der »Auerhahn«-Markierung westwärts auf einem bequemen Forstweg, passieren eine Informationsstelle zu Windwurf und Käfern, durchwandern prachtvolle Laub- und Mischwälder und erreichen die Schutzhütte **Feistenberg**. Gleich darauf verschmälert sich der Weg am **Schmutzer-Kreuz** zu einem Steig, der sich durch Laubwald mit moosüberwucherten Felsen schlängelt. Wir erreichen den Aussichtspunkt **Bankl** und wenig später den **Rachelsee**. Über diesem wunderschön gelegenen Moränenstausee erhebt sich die von urwaldartigem Bergfichtenwald bestockte Rachelseewand.

Talseitig hinter der Informationshütte beim See entdecken wir die »Specht«-Markierung und folgen ihr

*Am Rachel-
see.*

neben Bächen und über Stege bergan, ehe wir an einer Schutzhütte neben einer Bergwiese die südwestexponierte **Felsenkanzel** erreichen; eine Holzleiter führt hinauf auf diesen Felsen, der zu den schönsten Aussichts- und Rastorten dieser Wanderung zählt. Von der Felsenkanzel leitet die Specht-Markierung hinab zur **Racheldiensthütte** und wieder Richtung Rachelsee, bald begleitet von den Tafeln eines **Eiszeitlehrpfads** und dem Rauschen des Seebachs, des höchsten Quellbachs der Ilz. Kurz nach Überqueren des Bachs stehen wir zum zweiten Mal am **Rachelsee**. Während die Wanderung bisher bequem war, bezeichnet ein Schild den nun beginnenden **Kapellensteig** als »beschwerlich«: Die »Auerhahn«-Markierung verlässt den See in der Nähe des Ausflusses und leitet auf einem **Urwaldlehrpfad** aufwärts zur **Rachelsee-Kapelle**, einer Schutzhütte mit Tiefblick zum See. Nun verlässt der Weg die Seewand und durchzieht den

Die gesamte Wanderung ist für Kinder ungeeignet, da zu lang. Teilstrecken der Tour sind allerdings durchaus mit Kindern möglich.

stimmungsvollen Fichtenhochwald der Kammregion an der Grenze zu Böhmen, ehe wir die Gneisrippe auf dem Gipfel des **Großen Rachel** ersteigen; die Aussicht wird ein wenig durch hoch aufgeschossene Fichten beeinträchtigt. Vom Gipfel steigen wir zum Gasthaus **Waldschmidthaus** ab, dann leitet der »Auerhahn«-Weg zurück zum Ausgangspunkt.

15 Über die Schachten zum Rachel

Im Reich der Schachten: Talsperre Frauenau – Kohlschachten – Latschensee – Talsperre Frauenau   Karte: D/E 4/5

mittel

30 km

8 Std.

↑ 1050 m
↓ 1050 m

nein

Tourencharakter: Wald- und Wiesenwanderung auf meist bequemen Wegen und Pfaden; lediglich der naturschöne Aufstieg zum Rachel ist sehr steil, steinig und wurzelig und erfordert festes Schuhwerk.
Beste Jahreszeit: Juni bis September.
Ausgangs-/Endpunkt: Wanderparkplatz Regenbrücke (700 m) nordnordöstlich von Frauenau an der Zufahrt zur ausgeschilderten Trinkwassertalsperre.
Wanderkarte: Topografische Karte 1:50 000, Blatt UK L 9: Naturpark

Bayerischer Wald (Bayerisches Landesvermessungsamt).
Markierung: Grünes Dreieck und 6.
Verkehrsanbindung: A 3 Regensburg – Passau bis Ausfahrt Deggendorf, dann über Regen nach Zwiesel und weiter nach Frauenau.
Einkehr: Waldschmidthaus am Rachel.
Tourist-Info: Tourist-Information Frauenau, Hauptstraße 12, D-94258 Frauenau, Tel. 0 99 26-7 10, Fax 0 99 26-17 99.
Mountainbikegeeignet: nein.

Das Wasser vom Rachel fließt in die Talsperre Frauenau.

Von der Trinkwassertalsperre Frauenau führt diese abwechslungsreiche Wanderung auf einem bequemen Weg hinauf zu den Schachten und zum idyllischen Latschensee, ehe uns ein steiler Steig auf den Rachel bringt.

Der Wegverlauf

Vom **Parkplatz Regenbrücke** folgen wir der Markierung »10« zur **Dammkrone-Süd** und wandern auf dem Waldweg am Südufer der **Trinkwassertalsperre** Richtung Zufluss. Dort überqueren wir den Hauptzufluss, den **Kleinen Regen**, und zweigen vor der zweiten Bachbrücke (Brücke über den Hirschbach) rechts hinauf ab. Unmarkiert leitet der Forstweg im Hang des Hirschbachtals aufwärts. Wenn wir weiter oben auf die Markierung »grünes Dreieck« treffen, folgen wir ihr kurz über die Hochschachtenstraße, einen Forstweg, bis die Markierung »6« links abzweigt, bald auf einen Pfad wechselt und zum **Kohlschachten** führt, einer alten

15

Hudeweide mit Brachwiesen, in denen uralte Bergahorne und Buchen stehen. Auf einem Bohlensteg leitet die Markierung »6« weiter durch das Hochmoor **Schluttergasse** und dann links zum **Latschensee**, einem von Legföhren umstandenen Moorkolk, und zum **Hochschachten**, der Blick zum Arber gewährt.

Hier gibt es zwei Möglichkeiten: Entweder folgt man der Markierung zurück zur mit dem »grünen Dreieck« markierten »Hochschachtenstraße«, oder man wandert auf dem unmarkierten Schachtenpfad zur

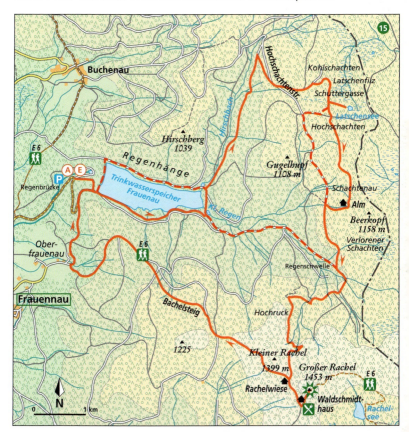

15

Alm am **Beerkopf**, der dritten Schachtenwiese, diesmal mit Schutzhütte, Bänken, Tisch und Brunnen sowie mit Rachel- und Arberblick,
und kehrt von dort zurück zur Hochschachtenstraße.

Der Markierung »grünes Dreieck« und den Beschilderungen folgend,
gelangen wir über die Hochschachtenstraße auf einen Wirtschaftsweg, der sich an der ehemaligen Grenze des nun erweiterten Natio-

nalparks in einen Wurzel- und Felspfad
verwandelt und steil zwischen Fichten
und bemoosten Felsen zur **Rachelwiese**
(Schutzhütte) zwischen Kleinem und
Großem Rachel und dann zum **Waldschmidthaus** und weiter auf den
Großen Rachel (1453 m) führt.

Vom Gipfel kehren wir zur **Rachelwiese** zurück und folgen der Markierung
»grünes Dreieck« auf dem Rachelsteig
hinab Richtung Oberfrauenau. Dort verlassen wir das »grüne Dreieck« und wandern auf dem Fahrweg rechts zum **Trinkwasserspeicher
Frauenau** zurück.

*Auf dem
Hoch-
schachten.*

*Der Latschen-
see ist ein
Moorsee auf
dem Grenz-
kamm zu
Böhmen.*

Von Modrava nach Pürstling

Im Bann des Lusen-Blockhaupts: Modrava [Mader] – Březník [Pürstling] – Modrava

Karte: E 4/5

16

Tourencharakter: Ein teilweise steiniger Waldweg bzw. -pfad bringt uns nach Pürstling, ein fahrradfähiger Weg leitet durch das bewaldete Maderbachtal zurück.
Beste Jahreszeit: Juni bis September.
Ausgangs-/Endpunkt: Gebührenpflichtiger Parkplatz (980 m) in Modrava.
Wanderkarte: Turistická Mapa 1:50 000, Blatt 65: Šumava Povydří (Klub Českých Turistů) oder Kompass Wanderkarte 1:50 000, Blatt 2002: Mittlerer Böhmerwald.

Markierung: grüne Markierung bis Březník, blaue Markierung zurück nach Modrava.
Verkehrsanbindung: B 12 Passau – Grenzübergang Philippsreuth – Horní Vltavice, dort links abbiegen nach Kvilda und in Kvilda weiter nach Modrava.
Einkehr: Modrava.
Unterkunft: Beim Ausgangspunkt. befindet sich die hotelartige Pension »Arnika«.
Tourist-Info: Keine.
Mountainbikegeeignet: Talroute ja.

 mittel

 15 km

 4 Std.

 ↑ 300 m ↓ 300 m

 nein

Vom Ferienort Modrava [Mader] am Ursprung des Wildwasserflusses Vydra [Widra] in unmittelbarer Nähe von Lusen und Rachel führt diese Wald- und Aussichtswanderung nach Březník [Pürstling], wo sich einer der imposantesten Aufblicke zum Blockhaupt des Lusen eröffnet.

Der Wegverlauf

In **Modrava** überqueren wir den **Modravský potok** [Maderbach] und gelangen auf einer für den öffentlichen Verkehr gesperrten Straße zur Wegeverzweigung »Modrava« (985 m) bei einer Nationalpark-Informationsstelle. An der aussichtsreichen Stelle lässt sich der Vereinigungsbereich der drei Vydra-Quellbäche gut überblicken: Von Westen fließt der am Rachel entspringende Roklanský potok [Rachelbach] herbei, den am Lusen entspringenden

Blick von Pürstling auf das Blockhaupt des Lusen.

16

Modravský potok [Maderbach] haben wir auf dem Weg vom Parkplatz zur Wegeverzweigung auf einer Brücke überquert, und von Osten fließt der Filipohutský potok [Philippshüttenbach] herbei; aus der Vereinigung dieser drei entsteht der bekannteste und schönste Wildwasserbach des Böhmerwalds.

An der Wegeverzweigung schließen wir uns der mit dem Zeichen »grüner Strich« markierten Route an und steigen auf einem steinigen Weg/Pfad in die Wälder der **Modravská hoŕa** [Maderberg] hinauf. Schließlich senkt sich der Weg in die Moorsenke **Cikánská slať**, in der einer der Quellbäche des Maderbachs entspringt und in dem

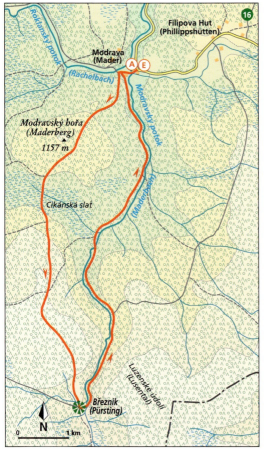

Bohlen über nasse Wegpassagen hinweghelfen. Am Ende der Senke leitet der Grasweg wieder aufwärts im Wald, verwandelt sich nach und nach in einen Forstweg mit festem Belag und senkt sich dann zum ehemaligen Hegerhaus **Březník** in hervorragender Aussichtslage mit Lusenblick hinab. Von hier wandern wir durch aussichtsreiche Wiesen hinab zum Maderbach, dessen Brücke noch deutliche Spuren regen Schusswaffengebrauchs zeigt, und stehen am Eingang des aus Naturschutzgründen nicht betretbaren **Luzenské údolí** [Lusental]: Durch das idyllische Wiesental schlängelt sich der im Hraniční slať [Stangenfilz], einem Moor in der Einsattelung zwischen Lusen und Kleinem Spitz-

Special

Widratal: Das Tal des in Modrava entstehenden Wildwasserflusses Vydra [Widra] zählt zu den urtümlichsten und schönsten des Böhmerwalds. Während zwischen Modrava und dem Campingplatz Antigel die Straße Richtung Srní [Rehberg] durch das Tal führt, steht der 7 km lange Schluchttalabschnitt zwischen Antigel und der Čenkova Pila [Vinzenzsäge] unter Naturschutz und ist durch einen Lehrpfad erschlossen, dessen Informationstafeln (auf Tschechisch) mit den geologischen und botanischen Besonderheiten dieses malerischen Tals vertraut machen. Der Lehrpfad folgt zwar der Trasse einer ehemaligen Landstraße, doch der Fluss hat eine derartige Gewalt, dass er die Straße an einigen Stellen weggespült hat, weshalb die Route insgesamt gutes Schuhwerk erfordert. In dieser als **Schachtelei** bezeichneten Wildwasserschlucht braust die Vydra in Kaskaden über Granitstufen, in den rund geschliffenen Felsen im Flussbett finden sich zahlreiche als »Riesentöpfe« bezeichnete Strudeltöpfe.

berg, entspringende Luzenský potok [Lusenbach], hoch über dem Tal schwebt wie ein surreales Gebilde das gelbgrüne Blockhaupt des Lusen. Der Lusenbach vereinigt sich mit dem von Westen herabfließenden Březnický potok zum **Maderbach**, dessen Tal die weitere Route zurückweist: Auf fahrradfähigem Weg wandern wir neben dem in Kaskaden über Blockwerk springenden Bach durch die Wälder zurück zum **Ausgangspunkt**.

Der Lusenbach im Tal unterhalb des Lusen.

Das alte Hegerhaus ist bekannt durch einen Roman des tschechischen Schriftstellers Karel Klostermann. Im Kalten Krieg diente es den Militärs, die den Todesstreifen an der Grenze zu planieren, mit Minen zu bestücken und zu überwachen hatten. In naher Zukunft soll es zu touristischen Zwecken wieder hergerichtet werden.

17 Durch das Rachelbachtal zum Dreiseefilz

Über das Maderplateau: Modrava [Mader] – Roklanský potok [Rachelbach] – Tříjezerní slaf [Dreiseefilz] – Modrava   Karte: D/E 4/5

leicht

15 km

4 Std.

↑ 200 m
↓ 200 m

ja

Tourencharakter: Leichte Wald- und Aussichtswanderung auf fast durchgehend bequemen Forstwegen.
Beste Jahreszeit: Mai bis September.
Ausgangs-/Endpunkt: Gebührenpflichtiger Parkplatz (980 m) in Modrava.
Wanderkarte: Turistická Mapa 1:50 000, Blatt 65: Šumava Povydří (Klub Českých Turistů) oder Kompass-Wanderkarte 1:50 000, Blatt 2002: Mittlerer Böhmerwald.
Markierung: Roter Strich von Modrava bis zur Verzweigung Javoří Pila, blauer Strich bis zur Verzweigung Pod Oblíkem, gelber Strich bis zum Plavební Kanál Vchynicko-Tetovský, roter Strich zurück nach Modrava.
Verkehrsanbindung: B 12 Passau – Grenzübergang Philippsreut – Horní Vltavice, dort links abbiegen nach Kvilda und in Kvilda weiter nach Modrava.
Einkehr: Modrava.
Unterkunft: Am Ausgangspunkt befindet sich die hotelartige Pension »Arnika«.
Tourist-Info: Keine.
Mountainbikegeeignet: ja.

Vom Ferienort Modrava [Mader] führt diese Wald- und Aussichtswanderung durch das idyllische Tal des vom Rachel herabfließenden Roklanský potok [Rachelbach] und weiter zum Tříjezerní slaf [Dreiseefilz], einem der für dieses Gebiet charakteristischen Moore: Zwischen Modrava und den Gipfeln liegt das weitflächig vermoorte Maderplateau, das als Kernzone des Nationalparks Šumava besonderen Schutz genießt. Zu den naturnahsten und schönsten Passagen zählt die abschließende Wanderung auf einem aussichtsreichen Graspfad hoch über dem tief eingeschnittenen Tal der Vydra [Widra].

Bei **klarer Sicht** ist es empfehlenswert, der rot bezeichneten Route ab der Verzweigung Javoří Pila weiter aufwärts zum Aussichtsturm auf dem Poledník [Mittagsberg] zu folgen (vergleiche Wanderung 18).

Der Wegverlauf

In **Modrava** überqueren wir den **Modravský potok** [Maderbach] und gelangen auf einer für den öffentlichen Verkehr gesperrten Straße zur Wegeverzweigung »Modrava« (985 m) bei einer Nationalpark-Informationsstelle. Hier schließen wir uns der mit dem Zeichen »roter Strich« markierten Route Richtung »Rybárna« an, überqueren auf der Straßenbrücke den **Roklanský potok** und biegen in der Linkskurve oberhalb der Pension »Arnika« links auf einen schmalen Teerweg ab; er führt nach Passieren eines Bergbauernhofs in das weite Wiesental des Rachelbachs. Begleitet vom Rauschen des Flusses, leitet der Weg durch die blumengeschmückten Feuchtwiesen dieses idyllischen Tals, von des-

17

sen Hängen Fichtenwälder herabblicken; jenseits des Flusses erstreckt sich das ausgedehnte Moorgebiet **Rybárenská slať** [Fischerfilz]. An der Verzweigung beim Forsthaus **Rybárna** [Fischerhütte] besteht die Möglichkeit, auf einem steilen Asphaltweg zum Dreiseefilz abzukürzen, empfehlenswert ist es jedoch, im Wiesental weiter aufwärts zu wandern zur nächsten Verzweigung, an der früher die Gaststätte **Javoří Pila** [Ahornsäge] stand. Hier verlassen wir das Tal, folgen der Markierung »blauer Strich« rechts hinauf zur Verzweigung **Pod Oblíkem** und biegen dort rechts auf den mit dem Zeichen »gelber Strich« markierten Weg ab. Er erreicht nach wenigen Minuten einen Rastplatz, von

dem ein Bohlenweg zum **Třzijezerní slať** [Dreiseefilz] führt: In diesem dicht mit Latschenkiefern bewachsenen Moor zeigen sich drei kleine Mooraugen.

Ein Graspfad führt über die Höhen über dem Vydra-Tal.

Vom Rastplatz wandern wir auf dem gelb markierten Asphaltweg im Wald hinab bis zum 1801 angelegten **Plavební Kanál Vchynicko-Tetovský** [Chinitz-Tettauer Schwemmkanal] und folgen ihm rechts zur ersten Brücke. Hier zweigt die Markierung »roter Strich« rechts ab und leitet zurück nach Modrava.

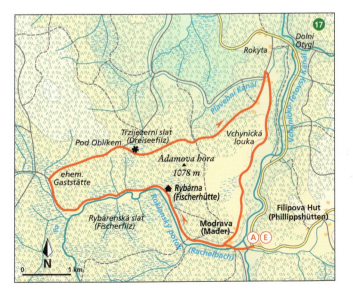

18 Stubenbacher See und »Mittagsberg«

Panoramaberg des mittleren Böhmerwalds: Prášily [Stubenbach] – Prášilské jezero [Stubenbacher See] – Poledník [Mittagsberg] – Prášily   Karte: D/E 4

leicht

17 km

5 Std.

↑ 500 m
↓ 500 m

ja

Tourencharakter: Leichte Wald- und Aussichtswanderung.
Beste Jahreszeit: Juni bis September.
Ausgangs-/Endpunkt: Parkplätze an der Wanderwegeübersichtstafel (876 m) in Prášily [Stubenbach] östlich von Železná Ruda [Markt Eisenstein].
Wanderkarte: Turistická Mapa 1:50 000, Blatt 64: Šumava Železnorudsko (Klub Českých Turistů) oder Turistická Mapa 1:50 000, Blatt 65: Šumava Povydří (Klub Českých Turistů) oder Kompass Wander- und Radtourenkarte 1:50 000, Blatt 2001: Nördlicher Böhmerwald.
Markierung: Roter Strich Prášily – Poledník, grüner Strich weiter bis

Frankův most, roter Strich zurück nach Prášily.
Verkehrsanbindung: E 53 Deggendorf – Zwiesel – Bayerisch Eisenstein – Železná Ruda – Klatovy – Plzeň.
Bahn: Deggendorf – Bayerisch Eisenstein –Železná Ruda – Plzeň.
Einkehr: Saisonal Getränkeverkauf auf dem Poledník; an der Wanderwegeübersichtstafel am Ausgangspunkt sind die Öffnungszeiten des Aussichtsturms (und damit des Getränkeverkaufs) angeschlagen.
Unterkunft: In Železná Ruda Hotels, Campingplatz
Tourist-Info: Šumava tour, CZ-34004 Železná Ruda, Tel 01 86-9 71 32.

Der »Mittagsberg« ist als attraktivster Aussichtsgipfel des mittleren Böhmerwalds Ziel von Wander-, Radwander- und Skiwanderwegen: Der Aussichtsturm auf dem Gipfel gewährt weiten Rundblick.

Der Wegverlauf

Waldarbeiterhütte und Nationalpark-Informationstafel am Stubenbacher See.

Von der Wanderwegeübersichtstafel im Dorf **Prášily** [Stubenbach] folgen wir der Markierung »roter Strich« Richtung »Prášilské Jezero« auf der Straße abwärts. Kurz nach Überqueren des Prášilský Potok [Stubenbach] wechselt unsere Markierung rechts auf einen für Fahrräder gesperrten Forstweg. An einer bald erreichten Rodung zweigt die Markierung links ab und wendet sich gleich wieder rechts. Oberhalb der aussichtsreichen Wiesen taucht der Weg in

Bergfichtenwald ein und führt im Hang aufwärts. Zuletzt verwandelt sich der wurzelige Waldweg in einen Pfad zwischen moosbedeckten Felsblöcken und erreicht den Karsee **Prášilské Jezero** [Stubenbacher See] (1080 m). Von hier führt die Markierung »roter Strich« neben dem Ausfluss des Sees auf einem Bohlensteg durch eine nasse Senke, dann geht es mit weiter Aussicht durch ein Windwurfgelän-

18

Der ausgeschilderte **Radwander-weg** auf den Poledník beginnt am Parkplatz Slumečná an der Straße Prášily – Srní; hingegen sind die vom Poledník weiter-führenden Wege nach Frankův most (grüner Strich) bzw. Modra-va (roter Strich) für Fahrräder ebenso gesperrt wie unsere Auf-stiegsroute zum Karsee.

de hinab zu einem Rastplatz bei einem Fahrradparkplatz mit Na-tionalpark-Informationstafeln. Ab hier folgt unsere abwärts führen-de Markierung wieder einem fahrradfähigen Weg und erreicht nach Überqueren des Seebachs und eines weiteren Bachs die Ver-

Da der Mittags-berg nur in ei-ner mindestens zweistündigen Wanderung er-reichbar ist, liegt beim Ein-gang zum Aussichtsturm der begehrte »Gipfelstem-pel« aus: Er beweist, dass man den Berg tatsächlich erreicht hat.

zweigung **Liščí Díry** (993 m). Hier wenden wir uns auf dem Forstweg rechts und folgen der roten Markierung teils im Wald, teils in einem lang gezogenen Anstieg aufwärts, bis auf der Höhe der Blick zum Ra-chel sich öffnet. Wenig später beginnt an der Verzweigung **Poledni hora** der asphaltierte Schlussspurt auf den **Poledník** [Mittagsberg], auf dessen gepflegter Aussichtsterrasse es Rasttische und -bänke gibt. Vom Mittagsberg kehren wir zurück zur Verzweigung **Poledni hora** und biegen dort mit der Markierung »grüner Strich« rechts ab Rich-tung »Frankův most« auf einen für Fahrräder gesperrten Weg. In der Linkskurve nach wenigen Metern wechselt unsere Markierung ohne Richtungsangabe rechts auf einen Grasweg. Dieser stille, passagen-weise steinige Weg führt im Wald ab-wärts und mündet weiter unten auf ei-nen breiten Forstweg, an dem nach wenigen Metern an der Verzweigung **U Býv. Roty** wiederum Tische und Bänke zu finden sind. Hier führt die grüne Mar-kierung im Wald links hinab und kurvt vor einem tief eingeschnittenen Tal rechts. Den Stubenbach überqueren wir wenig später auf dem **Frankův most** [Franzlbrücke], wo wir auch wieder der Markierung »roter Strich« begegnen. Sie leitet auf dem Waldweg neben dem in Kaskaden über Blockwerk springenden Stubenbach talwärts. Wo der Weg nach Passieren einer weiteren Brücke den Wald verlässt, führt ein von uralten Laubbäumen flankierter Weg durch aus-sichtsreiche Wiesen zum **Ausgangspunkt** zurück.

19 Zum idyllischen Lackensee

Höchster Karsee des Böhmerwalds: Nová Hůrka [Neuhurkenthal] – Laka jezero [Lackensee] – Nová Hůrka   Karte: D/E 4

leicht

10 km

3 Std.

↑ 250 m ↓ 250 m

ja

Tourencharakter: Talwanderung im Wald und in aussichtsreichen Wiesen zu einem schönen Karsee.

Beste Jahreszeit: Juni bis September, bei Schneelage ist die Route als Loipe benutzbar.

Ausgangs-/Endpunkt: Parkplatz in Nová Hůrka (880 m) östlich von Železná Ruda an der Straße Richtung Kašperské Hory.

Wanderkarte: Turistická Mapa 1:50 000, Blatt 64: Šumava Železnorudsko (Klub Českých Turistů) oder Turistická Mapa 1:50 000, Blatt 65: Šumava Povydří (Klub Českých Turistů) oder Kompass Wander- und Radtouren-

karte 1:50 000, Blatt 2001: Nördlicher Böhmerwald.

Markierung: Blauer Strich.

Verkehrsanbindung: E 53 Deggendorf – Zwiesel – Bayerisch Eisenstein – Železná Ruda – Klatovy – Plzeň. Bahn: Deggendorf – Bayerisch Eisenstein – Železná Ruda – Plzeň.

Einkehr: Nová Hůrka.

Unterkunft: In Železná Ruda gibt es zahlreiche Hotels und einen Campingplatz.

Touristinformation: Šumava tour, CZ-34004 Železná Ruda, Tel. 01 86-9 71 32.

Mountainbikegeeignet: ja.

Von Nová Hůrka [Neuhurkenthal] führt diese Waldwanderung auf einem fahrradfähigen Weg zur Dorfwüstung Hůrka [Hurkenthal], dann auf einem steinigeren, aber ebenfalls als Radroute ausgeschilderten Weg weiter zum romantischen Laka jezero [Lackensee], dem höchstgelegenen Karsee des Böhmerwalds.

Der idyllische Lackensee.

Der Wegverlauf

In der aus wenigen Häusern bestehenden Siedlung **Nová Hůrka**, gegründet 1766 als Sitz einer nicht mehr existierenden Glashütte, vertrauen wir uns der Markierung »blauer Strich« an, folgen einem für den öffentlichen Verkehr gesperrten Teerweg aufwärts durch Wiesen und tauchen in die Wälder im Hang des **Hůrecký vrch** [Haidler Riegel] ein, während aus dem Talgrund das Rauschen des Drozdí potok [Drosselbach] heraufdringt. Schon bald verlässt der Weg das Drosselbachtal und führt alleeartig von Bäumen flankiert durch aussichtsreiche Wiesen zur verfallenen Kapelle der Dorfwüstung **Hůrka** [Hurkenthal], wo im 18. Jahrhundert

19

Höchster Karsee des Böhmerwaldes: der Lackensee.

eine Glasschleiferei ihren Sitz hatte. An der Wegekreuzung in Hurkenthal folgen wir weiter der Markierung »blauer Strich«; der Weg verliert seinen Asphaltbelag und wechselt in das Tal des Jezerní potok [Seebach], durch das wir, immer im Wald, zum **Laka jezero** [Lackensee] (1096 m) hinaufwandern. Der idyllische See in der Nordostflanke der Plesná [Lackenberg] ist der höchstgelegene und mit 2,53 ha kleinste unter den Karseen des Bayerischen und Böhmerwalds. Wie auf dem Kleinen Arbersee schwimmen auf dem Lackensee Moorinseln, auch die Ufer werden von Schwingrasen gesäumt, und langsam wächst der See zu und verwandelt sich in einen völlig von Moorvegetation bedeckten »Blindsee«. Zur Verlandung des bis zu 3,90 m tiefen Sees trägt auch die Eutrophierung durch Enten bei, die von Ausflüglern gemästet werden. Untypisch für einen Karsee sind die hangartig geneigten Kar-»Wände«. Wie eine Informationstafel am See erläutert, trat nach einem verheerenden Sturm 1846 am Lackensee der Borkenkäfer erstmals im Böhmerwald auf. Der im 19. Jahrhundert zum Zweck der Holztrift aufgestaute See entwässert über den Seebach in den Fluss Křemelná [Kieslingbach], der bei Srní [Rehberg] einen imposanten Canyon ausgetieft hat, ist jedoch gleichzeitig durch einen Schwemmkanal mit Hurkenthal verbunden. Vom Lackensee wandern wir auf derselben Route zurück nach Hurkenthal und zum **Ausgangspunkt**.

20 Falkenstein und Höllbachgspreng

Im Bann des Urwalds: Zwieslerwaldhaus – Großer Falkenstein – Höllbachgspreng – Zwieslerwaldhaus   Karte: D/E 4

◑	mittel
🚶‍♂️ **km**	12 km
🕐	4 Std.
⛰️	↑ 650 m ↓ 650 m
☺	ja

Tourencharakter: Abwechslungsreiche Wald- und Aussichtswanderung; die passagenweise felsigen und wurzeligen Steige erfordern festes Schuhwerk und Trittsicherheit.

Beste Jahreszeit: Juni bis September.

Ausgangs-/Endpunkt: Parkplatz in Lindberg-Zwieslerwaldhaus (700 m), Zufahrt auf der Zwieslerwaldhausstraße, ausgeschildert an der B 11 Zwiesel – Ludwigsthal – Bayerisch Eisenstein.

Wanderkarte: Topografische Karte 1:50 000, Blatt UK L 9: Naturpark Bayerischer Wald (Bayerisches Landesvermessungsamt) oder Turistická Mapa 1:50 000, Blatt 66: Šumava Železnorudsko (Klub Českých Turistků) oder Kompass Wanderkarte 1:50 000, Blatt 195: Nördlicher Bayerischer Wald.

Markierung: Grünes Dreieck von Zwieslerwaldhaus durch das Urwald-Schutzgebiet, Ziffer 4 auf den Großen Falkenstein, Ziffer 1 durch das Höllbachgspreng, Ziffer 3 zurück nach Zwieslerwaldhaus.

Verkehrsanbindung: A 3 Regensburg – Passau bis Ausfahrt Deggendorf, dann über Regen nach Zwiesel und Lindberg.

Einkehr: Zwieslerwaldhaus, Großer Falkenstein.

Unterkunft: In Lindberg gibt es vier Hotels, zwölf Gasthöfe und 15 Pensionen sowie einen Campingplatz; auch auf dem Großen Falkenstein besteht Unterkunftsmöglichkeit.

Tourist-Info: Verkehrsamt Lindberg, Zwieslauer Straße 1, D-94227 Lindberg, Tel. 09922-12 00, Fax 09922/84 34 30.

Mountainbikegeeignet: nein.

Durch ein Urwaldschutzgebiet und an den Steinbachfällen vorbei leitet diese Wanderung auf den aussichtsreichen Großen Falkenstein, einen der markantesten Berghäupter des Bayerischen Walds. Der Abstieg führt durch die faszinierende Fels- und Urwaldwildnis des Höllbachsprengs, einer der urtümlichsten Bachschluchten des Bayerischen und Böhmerwalds.

Wanderer an den Kaskaden des Höllbachs im Höllbachgspreng.

Der Wegverlauf

Von **Zwieslerwaldhaus** folgen wir der Markierung »grünes Dreieck« Richtung »Falkenstein« durch ein **Urwald-Naturschutzgebiet** mit mehrhundertjährigen Laubbäumen. Wo der Weg wenig später an einer Bergwiese eine Verzweigung erreicht, schließen wir uns der Markierung »4« an, biegen rechts ab und wandern auf einem nicht seten steilen und gelegentlich steinigen Weg aufwärts. Nach Passieren einer Schutzhütte erwarten uns die malerischen Kaskaden der **Steinbachfälle**, dann laden die Aussichtsfelsen des **Kleinen Falkenstein** zur Rast. Der Ziffer »4« weiter aufwärts folgend, erreichen wir in einer Viertelstunde den Großen Falkenstein. Das überwältigende Panorama umfasst u.a. auch den doppelgipfligen Osser, den turmüberhöhten Hohen Bogen, das Schwarz-

Gipfelkreuz auf dem Großen Falkenstein.

eck sowie ganz links den Rachel. Auf dem Großen Falkenstein befindet sich ein Gast- und Unterkunftshaus, daneben steht eine moderne Kapelle.

Vom Großen Falkenstein leitet die Markierung »1« hinab in das **Höllbachgspreng**. »Gspreng« ist ein Ausdruck für unwegsames Fels- und Waldgelände, wandertouristisch erschlossen ist das schluchtartig

Wunderbare Aussicht vom Kleinen Falkenstein: Im Westen erheben sich der Große Arber und die Seewand, weiter links sind die Regenhütte-Rodung, Zwiesel, Lindberg, Lindbergmühle und ganz links der Große Falkenstein erkennbar.

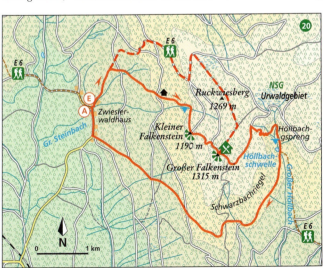

20

eingetiefte Gebiet durch einen steilen Fels- und Wurzelsteig: Neben haushohen Felswänden und unter Felsdächern hindurch windet sich der Steig abwärts, neben bemoosten Blöcken und Farnwildnissen; unter einem schwefelflechtengelb gefärbten Überhang lädt eine einsame Bank zum Verweilen ein, dann geht es weiter an morndenden Baumleichen, pilzbewachsenen gestürzten Stämmen und bizarrwüchsigen

Höllbachgspreng: Schon vor dem Ersten Weltkrieg wurde diese vom Höllbach durchflossene Fels- und Urwaldwildnis unter Naturschutz gestellt.

Tipps

Die bequemere **Aufstiegsvariante** folgt ab dem Urwald-Schutzgebiet dem Zeichen »grünes Dreieck« über den aussichtsreichen Rukowitzschachten zum Falkenstein; der Schachten mit seinen alten Hudebäumen bietet einen wunderschönen Blick zum doppelgipfligen Osser.

Übernachtung im Berghaus: Das Falkensteinschutzhaus (1312 m, Tel. 09925-313) auf dem Großen Falkenstein (keine öffentliche Autozufahrt) ist eines der bekanntesten Berghäuser des Bayerischen Walds. Es hat 13 Betten und 48 Lager und ist bewirtschaftet von Mai bis Oktober sowie in den Weihnachtsferien.

Ahornen vorbei über Felskanzeln; mehrmals ist der in Kaskaden zu Tal tanzende Bach zu durchqueren. Weiter unten bildet der Bach den **Höllbachfall**, einen kleinen Wasserfall, dann verlassen wir dieses natürliche Paradies, in dem die Legende den gespenstischen Eingang zur Hölle wähnt, und erreichen die **Höllbachschwelle**: An diesem alten Triftteich laden Bänke zur Rast. Von der Höllbachschwelle folgen wir der Markierung »3« auf meist bequemen Wegen in schönem Mischwald zurück nach **Zwieslerwaldhaus**.

Rastende Wanderer an der Höllbach schwelle.

Von Bayer. Eisenstein zum Großen Arber

Überschreitung des höchsten Bayer- und Böhmerwaldgipfels: Bayer.
Eisenstein – Großer Arbersee – Großer Arber – Bayer. Eisenstein Karte: D 4

21

Tourencharakter: Unschwierige Wald-
und Aussichtswanderung auf meist be-
quemen Wegen.
Beste Jahreszeit: Juni bis September.
Ausgangs-/Endpunkt: Bahnhof Bayerisch
Eisenstein (740 m).
Wanderkarte: Topografische Karte
1:50 000, Blatt UK L 9: Naturpark
Bayerischer Wald (Bayerisches Landes-
vermessungsamt).
Markierung: Grünes Dreieck bis zum
Kleinen Arbersee, LO4 zur Mooshütte,
LO3 zum Brennes-Sattel, »10« zurück
nach Bayerisch Eisenstein.
Verkehrsanbindung: A 3 Regensburg –

Passau bis Ausfahrt Deggendorf, dann
über Regen und Zwiesel nach Bayerisch
Eisenstein. Bahn: Deggendorf –
Bayerisch Eisenstein – Plzeň.
Einkehr: Bayerisch Eisenstein, Großer
Arbersee, Großer Arber, Kleiner Arber-
see, Mooshütte.
Unterkunft: Bayerisch Eisenstein verfügt
über zehn Hotels, fünf Gasthöfe, 35
Pensionen, einen Campingplatz und ei-
ne Jugendherberge.
Tourist-Info: Verkehrsamt Bayerisch Ei-
senstein, Schulbergstraße 1, D-94252
Bayerisch Eisenstein, Tel. 09925-327,
Fax 09925-478.

mittel

20 km

6 Std.

↑ 900 m
↓ 900 m

nein

Das **Arberschutzhaus** (1375 m) im
Hang des Großen Arber hat 32
Betten und ist bewirtschaftet von
ca. 20. Dezember bis Ende Oktober. Post 94252 Bayerisch Eisenstein, Tel. 09925-242.

Diese Wald- und Panoramawan-
derung berührt viele Naturperlen,
darunter die beiden Arberseen
und das aussichtsreiche Gipfel-
haupt des Großen → Arber.

Der Wegverlauf

Vom Grenzbahnhof → **Bayerisch Eisenstein** im Hochtal des Großen
Regen weist der mit dem Zeichen »grünes Dreieck« markierte Eu-
ropäische Fernwanderweg 6 (E 6) auf meist bequemen Waldwegen
die Route hinauf zum Großen Arber. Nach Überschreiten der Regenbrücke wechselt der Fernwanderweg in den rechten Hang und führt
zum aussichtsreich gelegenen Wintersportplatz **Arberhütte** im Tal
des Teufelsbachs hinauf. Die Markierungen und die Richtungsschilder »Arbersee« weisen den Weg an mehreren Abzweigun-
gen vorbei, dann beginnt im Wald der recht steile Aufstieg im Hang des **Langhüttenriegels**, und gut ein-
einhalb Stunden ab Bayerisch Eisenstein erreichen wir den viel besuchten **Großen Arbersee**.
Nun beginnt der Aufstieg auf dem »Fußweg
Großer Arber«, zunächst auf einem Forstweg, ehe sich der Weg an der mächtigen
Brennesfichte in einen steinigen, wurzeli-

*Vom Arber
fällt der Blick
hinab in das
Regen-
Hochtal.*

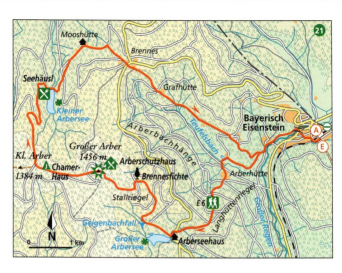

Die Mooshütte – ein viel besuchter Ausflugsgasthof in aussichtsreicher Lage mit Osserblick.

gen Waldweg verwandelt und steil zum **Arberschutzhaus** hinaufführt; von dort wandern wir in gut einer Viertelstunde hinauf zum Gipfel.

Vom Gipfel leitet die Markierung »grünes Dreieck« steil und aussichtsreich hinab zur **Jugendherberge** im Sattel zwischen Großem und Kleinem Arber. Hier verlassen wir den Fernwanderweg und steigen – weiterhin »grünes Dreieck« – auf einem Serpentinenpfad hinab Richtung Kleiner Arbersee. Wenn der Pfad weiter unten auf einen Forstweg mündet, stehen wir wenig später beim Gasthaus **Seehäusl** am **Kleinen Arbersee**. Beim Seehäusl verlassen wir die Markierung »grünes Dreieck« und folgen dem Ufer über den Seeausfluss hinweg, bis die Markierung »LO4« links Richtung Mooshütte auf einen Forstweg abzweigt. Von der **Mooshütte** folgen wir der Markierung »LO3« rechts hinauf zum **Brennes-Sattel**, queren dort die Straße und wandern geradeaus abwärts nach **Grafhütte** im Hang des Teufelsbachtals, (Markierung »10«) sie führt teils durch

Special

Der **Kleine Arbersee** mit seinen schwimmenden Moorinseln in der Nordflanke des Arber ist auch nach einer gut halbstündigen Wanderung vom Parkplatz auf dem Brennessattel an der Straße Bayerisch Eisenstein – Lam zu erreichen. Der bis zu 10 m tiefe Karsee verlandete im Lauf der Jahrtausende immer mehr, bis er 1885 zur Holztrift aufgestaut wurde. Bei diesem Eingriff lösten sich drei Moorteppiche, die nun auf der Wasseroberfläche treiben. Ein Rundweg führt um den gut 9 ha großen See, an dessen Ostufer das »Seehäusl« zur Einkehr lädt. Tourist-Info Lohberg, Rathausweg 1 a, D-93470 Lohberg, Tel. 09943/94 13 13, Fax 09943/94 13 14.

Zum Teufels- und zum Schwarzen See

Die größten Karseen des Böhmerwalds: Spitzbergsattel – Čertovo jezero
[Teufelssee] – Černé jezero [Schwarzer See] – Spitzbergsattel   Karte: D 4

Tourencharakter: Insgesamt leichte Wanderung mit einigen steilen und wurzeligen Passagen, die festes Schuhwerk erforderlich machen.
Beste Jahreszeit: Juni bis September.
Ausgangs-/Endpunkt: Gebührenpflichtiger Parkplatz auf dem Špičácké sedlo [Spitzbergsattel] (920 m) nördlich von Železná Ruda an der E 53.
Wanderkarte: Turistická Mapa 1:50 000, Blatt 64: Šumava Železnorudsko (Klub Českých Turistů) oder Kompass Wander- und Radtourenkarte 1:50 000, Blatt 2001: Nördlicher Böhmerwald.
Markierung: Gelber Strich bis zum Teufelssee, roter Strich bis zum Schwarzen See, gelber Strich zurück zum Spitzbergsattel.
Verkehrsanbindung: E 53 Deggendorf – Zwiesel – Bayerisch Eisenstein – Železná Ruda – Klatovy – Plzeň. Bahn: Deggendorf – Bayerisch Eisenstein – Železná Ruda – Plzeň.
Einkehr: Spitzbergsattel.
Tourist-Info: Šumava tour, CZ-34004 Železná Ruda, Tel. 0186-97 132.
Mountainbikegeeignet: Mit Rädern befahrbar ist nur der Kutschenweg zum Schwarzen See.

 leicht

 10 km

 3 Std.

 ↑ 250 m ↓ 250 m

 ja

Tipp

Während der Teufelssee nur zu Fuß erreichbar ist, kann man sich im Sommer vom Spitzbergsattel aus per **Pferdekutsche** zum Schwarzen See fahren lassen.

Vom Špičácké sedlo [Spitzbergsattel] im Hang des Ski-Hausbergs von Železná Ruda führt diese Waldwanderung zu den malerischen großen Karseen in der Ostflanke des Künischen Gebirges, das den nordwestlichen Abschluss des Böhmerwalds bildet.

Der Wegverlauf

Der **Špičácké sedlo** [Spitzbergsattel] ist einer der meistbesuchten Ausgangspunkte für Wanderungen zu Fuß, mit dem Rad und auf Ski in der Nähe von Železná Ruda. Unser Ziel liegt im Westen beidseits des von Skiliften geprägten **Špičák** [Spitzberg] (1202 m), durch den der 1784 m lange **Spitzbergtunnel** führt. Vom Spitzbergsattel folgen wir kurz der Straße Richtung Železná Ruda, biegen mit der Markierung »gelber Strich« rechts in die

22

Obwohl die beiden Seen, die seit 1911 unter Naturschutz stehen, nur 2 km voneinander entfernt liegen, überschreiten wir während der Wanderung eine Hauptwasserscheide Europas: Während der aus dem Teufelsee austretende Seebach [Jezerní potok] in Železná Ruda in den Regen mündet und über die Donau ins Schwarze Meer entwässert, wendet sich die aus dem Schwarzen See austretende Uhlavá [Uslava] nach Norden und fließt über Moldau und Elbe in die Nordsee.

Wiese ab und folgen der Markierung nach erneutem Queren der Straße durch die Wälder und alpinen Abfahrtsstrecken im Hang des Spitzbergs. Der anfänglich bequeme Weg verwandelt sich nach und nach in einen wurzeligen und steinigen Waldweg, dann erreichen wir den sagenumwobenen **Čertovó jezero** [Teufelssee]. Der bis zu 37 m tiefe See ist mit 10,3 ha etwa doppelt so groß wie der Rachelsee oder die → **Arberseen** auf der bayerischen Seite des Gebirges – ein schöner Ort für eine Rast. Überragt wird der verträumte See von der **Jezerní hora** [Seewand] (1343 m); diese höchste Erhebung des Künischen Gebirges trennt den Teufels- vom Schwarzen See.

Special

Das wegen seiner hellen Felsfreistellungen im dunklen Nadelwaldkleid weithin sichtbare **Zwercheck** (1333 m) hoch über dem → **Lamer Winkel** ist eine der aussichtsreichsten Höhen des Bayerischen und Böhmerwalds. Der teils von Wald, teils von Felsen und schiefrig-plattigem Geröll bedeckte Berg erhebt sich auf dem Kamm des Künischen Gebirges an der Grenze zu Böhmen. Nach Norden dacht das Gelände abrupt zum Schwarzen See, nach Osten zum Teufelssee ab. Über den Lamer Winkel hinweg schweift der Blick zum Hohen Bogen, zu Kaitersberg, Schwarzeck, → **Arber**, Rachel, → **Falkenstein**, im Osten erhebt sich auf böhmischer Seite die unwesentlich höhere Seewand (1343 m). Mit dem Osser ist das Zwercheck durch einen Felssteig verbunden, der dem Kamm des Künischen Gebirges und der deutsch-tschechischen Grenze folgt. Der kürzeste Aufstieg zum Zwercheck beginnt am Wanderparkplatz am Scheibensattel (1050 m) an der Passstraße Bayerisch Eisenstein – Lohberg – Lam und dauert etwa eine Dreiviertelstunde.

Vom Teufelssee leitet die Markierung »roter Strich« steil und steinig im Wald hinauf zum aussichtsreichen Sattel **Rozvodí** zwischen Seewand und Spitzberg und erreicht nach Passieren eines Funkturms eine Wegeverzweigung. Von dort führt das Zeichen »roter Strich« schnurgerade auf einem Schneisenweg hinab zum **Černé jezero** [Schwarzer See]. Der bis zu 40 m tiefe Schwarze See ist mit einer Fläche von 18 ha der größte Karsee Tschechiens und des bayerisch-böhmischen Grenzgebirges. Vom See folgen wir der Markierung »gelber Strich« auf dem Kutschen- und Radroutenweg im Wald zurück zum Ausgangspunkt auf dem **Spitzbergsattel**.

Rast am Schwarzen See.

Von Lam auf den Osser

»Matterhorn des Bayerischen Walds«:
Lam – Osser – Lohberg – Lam

Karte: D 3/4

23

Tourencharakter: Abwechslungsreiche Rundwanderung auf den aussichtsreichen Osser; festes Schuhwerk ist wegen einiger Felspassagen empfehlenswert.
Beste Jahreszeit: Juni bis September.
Ausgangs-/Endpunkt: Marktplatz in Lam (575 m).
Wanderkarte: Topografische Karte 1:50 000, Blatt UK L 20: Naturpark Oberer Bayerischer Wald (Bayerisches Landesvermessungsamt) oder Kompass-Wanderkarte 1:50 000, Blatt 195: Nördlicher Bayerischer Wald.
Markierung: Grünes Dreieck über den Osser nach Lohberg, dann LO2 zurück nach Lam.

Verkehrsanbindung: A 3 Regensburg – Passau bis zur Ausfahrt Straubing, dann über Kötzting nach Lam.
Einkehr: Maria-Hilf, Osserschutzhaus, Eggersberg.
Unterkunft: In Lam gibt es neun Hotels, sieben Gasthöfe, eine Jugendherberge und einen Campingplatz.
Tourist-Info: Tourist-Information Lam, D-93462 Lam, Tel. 09943-777, Fax 09943-8177. Tourist-Information Lohberg, Rathausweg 1 a, D-93470 Lohberg, Tel. 09943-94 13 13, Fax 09943-94 13 14.
Mountainbikegeeignet: nein.

 mittel

 15 km

 6 Std.

 ↑ 750 m ↓ 750 m

 nein

Von Lam, dem Vorort des idyllischen → **Lamer Winkels**, führt diese Wald- und Aussichtswanderung auf den doppelgipfligen Osser, das »Matterhorn des Bayerischen Walds« auf dem Grenzkamm des Künischen Gebirges.

 Tipp

Das **Osserschutzhaus** als Berghaus des Bayerischen Walds hat vier Betten und 36 Lager und ist von Mai bis Oktober sowie während der Weihnachtsferien bewirtschaftet. Da es direkt neben einem deutsch-tschechischen Fußgängergrenzübergang liegt, ist es ein hervorragender Standpunkt für Wanderungen einerseits zum Zwercheck und andererseits auf böhmischer Seite zum Schwarzen und zum Teufelsee.

Der Wegverlauf

Den **Marktplatz** in **Lam** verlassen wir beim »Aldersbacher Bräustüberl« auf der Lambacher Straße, biegen nach wenigen Minuten halb rechts in den Jugendherbergsweg ein und gelangen zur **Adalbert-Stifter-Jugendherberge** am Ortsrand. Der mit dem Zeichen »L1« markierte Weg und leitet überaus aussichtsreich durch die Wiesen mit Blick zum spitz aufragenden Kleinen Osser, dessen »Matterhorn«-Charakter hier gut zu sehen ist. Schließlich taucht der Weg in den Wald ein und folgt einem Kreuzweg steil aufwärts zur **Wallfahrtskapelle Maria-Hilf**, neben der ein Gasthaus zur Einkehr lädt.

An der Kapelle erreichen wir auf dem Kamm den Hauptwanderweg und folgen ihm im Wald rechts hinauf zum Waldparkplatz **Auf´m**

23

Sattel (927 m). Während die bequeme Aufstiegsvariante halb links weiterführt und der Unterkunftshaus-Zufahrt folgt, wenden wir uns rechts und zweigen gleich darauf links ab auf einen wurzeligen und gelegentlich steinigen Pfad. Er tritt nach steilem Aufstieg aus dem

Tipp

Mit kleinen **Kindern** ist es empfehlenswert, die Wanderung abzukürzen und am Wanderparkplatz Auf´m Sattel (927 m) zu beginnen. Wer es ganz bequem haben will, folgt von dort dem Zufahrtsweg zum Gasthof. An diesem Weg sind auch die Teufelstrittsteine aufgestellt: In diese Steine sind Ziegenhufe und andere Zeichen eingeritzt.

Wald ins Freie und erreicht aussichtsreiche Felsklippen. Das faszinierendste Panorama bietet der **Kleine Osser**: Bis zu wandartig steil stürzt diese Glimmerschiefer-Felsbastion in den Lamer Winkel ab, dessen Talsohle rund 700 m tiefer liegt, und gewährt eine einzigartige Aussicht auf den Lamer Winkel, den Arber, den Kaitersberg sowie weit nach Böhmen hinein; auch das nächste Ziel, der **Große Osser** (1293 m), ist in Sicht. Während der Kleine Osser als einzigen Schmuck ein mächtiges Bergkreuz trägt, steht auf dem Großen Osser ein Gast- und Unterkunftshaus. Da auf dem Großen Osser die deutsch-tschechische Grenze verläuft, ist dieser Gipfel von bayerischer ebenso wie von böhmischer Seite aus ein viel besuchtes Ziel;

Weit schweift der Blick vom Kleinen Osser nach Böhmen hinein.

der Aufstieg auf tschechischer Seite erfolgt über den Schwarzen und den Teufelsee (→ **Wanderung 22**). Zu den hervorragendsten Routen, die am Osser ihren Ausgangspunkt nehmen, zählt der zum Zwercheck (vgl. Kasten Tour 22) führende felsige Steig längs der Grenze auf dem Kamm des Künischen Gebirges.

Vom Großen Osser leitet die Markierung »grünes Dreieck« über den drahtseilgesicherten Felssteig auf dem Kamm des Künischen Gebirges, verlässt ihn jedoch bald wieder und führt steil rechts hinab Richtung **Lohberg**. Vom Osserparkplatz oberhalb von Lohberg folgen wir dem Lärchenweg abwärts, bis die Markierung »LO2« rechts abzweigt, aussichtsreich eine Höhe überschreitet

und im Wald hinab nach **Eggersberg** führt. Von hier wandern wir aussichtsreich durch die Wiesen nach Silbersbach, dann am Waldsaum des Gegenbergs nach Thürnstein und kommen schließlich zurück zum Marktplatz in **Lam**.

Vom Großen Osser folgt der Wanderweg ein kurzes Stück dem felsigen Kamm des Künischen Gebirges entlang der deutsch-tschechischen Grenze Richtung Zwercheck.

24 Über den Hohen Bogen

Hoch über der Cham-Further Senke: Bergkapelle –
Diensthütte Hoherbogen – Burgstall – Bergkapelle   Karte: C 3/4

○ leicht

 11 km

🕐 4 Std.

⛰ ↑ 600 m
↓ 600 m

☺ ja

Tourencharakter: Nach dem nicht flachen Hangaufstieg folgt ein Felssteig im Wald; auch wer die Sesselbahn benutzt, sollte gutes Schuhwerk tragen, worauf eine Tafel an der Diensthütte ausdrücklich hinweist.
Beste Jahreszeit: Mai bis Oktober.
Ausgangs-/Endpunkt: Talstation (650 m) der Doppelsesselbahn südsüdwestlich von Neukirchen.
Wanderkarte: Topographische Karte 1:50 000, Blatt UK L 20: Naturpark Oberer Bayerischer Wald (Bayerisches Landesvermessungsamt).
Markierung: Rotweiß, grünes Dreieck

und namentliche Richtungsschilder.
Verkehrsanbindung: A 3 Regensburg – Passau bis Straubing, weiter auf der B 20 über Cham Richtung Furth im Wald und abbiegen nach Neukirchen.
Einkehr: Gasthaus an der Sesselliftbergstation, Diensthütte Hoherbogen.
Unterkunft: In Neukirchen beim Heiligen Blut gibt es fünf Hotels und zwölf Gasthöfe.
Tourist-Info: Neukirchen, Marktplatz 10, D-93433 Neukirchen beim Heiligen Blut, Tel. 09947/4 08 21, Fax 09947/ 94 08 44.
Mountainbikegeeignet: nein.

Diese Wald- und Aussichtswanderung führt über den Hohen Bogen, die nördlichste Bergbastion des Bayerischen Walds vor der Cham-Further Senke.

Die Bergkapelle am Hohen Bogen ist ein hübscher Punkt zum Verweilen.

Der Wegverlauf

Von der **Sesselbahn-Talstation** leitet ein mit dem Zeichen »rotweiß« markierter Weg längs der Sesselbahntrasse steil aufwärts, teils mit prachtvoller Aussicht in Skipisten, teils im Wald, bis an der **Bergkapelle**

dicht unterhalb der Sesselbahn-Bergstation Tische, Bänke und Brunnen zur Rast laden. Hier unterqueren wir mit der »rotweißen« Markierung die Sesselbahn und einen Skilift und tauchen unterhalb des **Ahornriegels** in den Hangwald ein, bald auf einem Wurzelweg, der an einem Verwitterungsblockfeld an der ersten Aussichtssitzbank in einen felsigen Steig übergeht: Unten zeigt sich Neukirchen mit der Wallfahrtskirche inmitten ausgedehnter Feld- und Wiesenfluren, dahinter runden sich bewaldete Kuppen. An weiteren Aussichtsrastbänken sowie an einem Rastpilz vorbei durchzieht der Weg den Hangwald

24

Die **Sesselbahn** auf den Hohen Bogen überwindet 393 Höhenmeter und ist mit 1358 m die längste des Bayerischen Walds; wer sich einen Teil des Aufstiegs sparen will, fährt bis zur Mittelstation der Sesselbahn.

mit seinen Buchen und Bergahornen; erst am **Bärenriegel** vereinigt er sich mit dem von der Sesselbahn-Bergstation herüberführenden Hauptwanderweg, der mit dem Zeichen »grünes Dreieck« markiert ist. Wer an der Sesselbahn-Bergstation losgegangen ist,

kommt auch an der höchsten Erhebung des Hohen Bogens vorbei: dem von Sende- und Radartürmen überhöhten **Eckstein**.

Dem »grünen Dreieck« folgen wir im Wald zum Gasthaus an der **Diensthütte Hoherbogen** und auf einem Asphaltweg weiter zum **Burgstall**: Auf dem sagenumwobenen Nordwestpfeiler des Hohen Bogens gründete Graf Albert III. von → **Bogen** um 1190 eine Burg, doch die Anlage blieb unvollendet.

Vom Burgstall, der wie der Eckstein einen Sendeturm trägt, gehen wir nach Norden hinab Richtung »Furth«, biegen auf den ersten Hangweg rechts ab und kehren zurück zur **Diensthütte Hoherbogen**. Dort zweigen wir links ab und wandern im Hang zurück zum Ausgangspunkt.

Blick vom Burgstall auf dem Hohen Bogen auf die Cham-Further Senke.

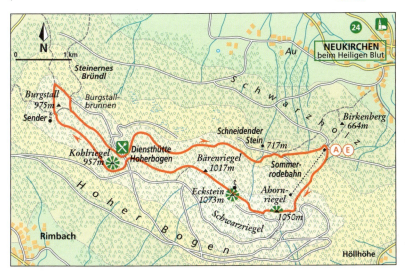

25 Über den Kaitersberg zum Arber

Haute Route des Bayerischen Walds: Kötzting – Kaitersberg – Großer Arber – Bodenmais

Karte: C/D 4

 anspr.

 36 km

 9 Std.

 ↑1800 m ↓1800 m

 nein

Tourencharakter: Anspruchsvolle Bergwanderung auf Felssteigen, Wurzelpfaden und Waldwegen.
Beste Jahreszeit: Juni bis September.
Ausgangs-/Endpunkt: Bahnhof Kötzting (410 m).
Wanderkarte: Topografische Karte 1:50 000, Blatt UK L 20: Naturpark Oberer Bayerischer Wald (Bayerisches Landesvermessungsamt).
Markierung: Grünes Dreieck.
Verkehrsanbindung: B 85 Cham – Viechtach – Regen, in Miltach abzweigen nach Kötzting.

Einkehr: Gasthäuser in Kötzting, Gasthof in Reitenberg, Kötztinger Hütte am Mittagstein, Gasthaus im Eck-Sattel, Arberschutzhaus, verschiedene Gasthöfe und Hotels in Bodenmais.
Touristinformation: Kurverwaltung und Tourist-Information Kötzting, Herrenstraße 10, D-93444 Kötzting, Tel. 09941-60 21 50, Fax 09941-60 21 55. Kurverwaltung Bodenmais, Bahnhofstraße 56, D-94249 Bodenmais, Tel. 09924-77 81 35, Fax 09924-77 81 50.
Mountainbikegeeignet: nein.

Von Kötzting führt diese Wanderung, die reich ist an schönen Ausblicken und die durch Wald- und Felsgebiete führt, auf durchaus al-

pinen Wegen über den Kaitersberg zum → **Arber**, wo der Abstieg zu den Rieslochfällen und nach → **Bodenmais** beginnt.

Der Wegverlauf

Vom **Bahnhof** → **Kötzting** gehen wir in die Altstadt, wo wir uns an der Brücke vor der ehemaligen Burg und der Pfarrkirche der Markierung »grünes Dreieck« anschließen, die hölzerne, gedeckte **Regenbrücke** überschreiten und geradeaus zum Spitalplatz wandern. Dort

> **Tipp**
>
> Ausgeschilderte **Kurzwanderungen** im Bereich des Kaitersbergs beginnen in Reitenberg bei der Räuber-Haigl-Höhle und am Eck-Sattel.

biegen wir rechts in die Lamer Straße ein und werden vom »grünen Dreieck« durch den Stadtteil **Reitenstein** in die Wälder des Kaitersbergs nach **Reitenberg** geführt. Schon bald zeigen sich im Wald mächtige Felsburgen, Wandfluchten, Gneistürme und Überhänge: Hier soll in der **Räuber-Heigl-Höhle** der »Robin Hood des Bayerischen Walds« gehaust haben. Oberhalb der Höhle erreichen wir als erste markante Erhebung des Kaitersbergs den **Kreuzfelsen** (999 m), einen hervorragenden Rast- und Aussichtsplatz mit Blick auf Kötzting und zum noch sehr fern wirkenden → **Arber**: Der erste Waldberg im Osten ist der Mittagstein, dahinter rundet sich der von einem Denkmal überhöhte Große Riedelstein, und ganz hinten steht am Horizont als höchster der Große Arber. Benannt ist der Kreuzfelsen nach dem hier aufgestellten, sonnenuntergangsexponierten **Leuchtkreuz**, das 1867 erstmals erwähnt wird, aber schon mehrere Vorgänger gehabt haben soll: Wird es angestrahlt, so leuchtet die auf der Wetterseite angebrachte Stahlblechverkleidung. Das Leuchten des Kreuzes ist 15 km weit bis ins Regental zu sehen.

Am Kreuzfelsen beginnt die Kammwanderung über den Kaitersberg. Die Markierung »grünes Dreieck« leitet in eine Senke hinab, überschreitet den bewaldeten **Mittagstein** (1034 m) und führt im Wald hinüber zur **Kötzinger Hütte**, einem Berggasthaus in bestechender Aus-

25

sichtslage. Kurz dahinter beginnt der Gang über das felsige **Steinbühler Gesenke**, eine der attraktivsten Wanderrouten des Bayerischen Walds: Das »grüne Dreieck« windet sich durch, über, unter und zwischen Felsburgen dahin, mit immer wieder enormer Aussicht über den Lamer Winkel und über das Zellertal hinweg. Gelegentlich darf eine Hand mit anpacken, und die mächtigen **Rauchröhren**, durch die unsere Route führt, sind eines der bekanntesten Klettergebiete des Bayerischen Walds. Rauchröhren werden diese haushohen, eng beieinander stehenden Felsen genannt, weil sich dahinter angeblich im Dreißigjährigen Krieg Leute aus den Tälern flüchteten und Feuer anzündeten; der Rauch stieg kerzengerade zwischen den Felsen auf und war aus den Tälern her von weitem sichtbar. Nach Passieren des kreuzüber-

Die Riesloch-fälle im Hang des Arber.

Special

Die unter Naturschutz stehenden **Rieslochfälle** in einer Schlucht in der Südflanke des Arbermassivs oberhalb von Bodenmais bilden den größten Wasserfall des Bayerischen und Böhmerwalds. In der tiefen, bewaldeten Schlucht, in die kaum das Licht der Sonne dringt, überwindet der Riesbach auf einer Länge von 1,6 km mehrere Gneisstufen, dreht sich in Strudeltöpfen und stürzt über mächtiges Blockwerk. Der höchste dieser Wasserfälle tost durch das Riesloch (Rißloch). Das ständig feuchtkühle Klima der Schlucht fördert ein üppiges Mooswachstum auf den Felsen. Dorn- und Frauenfarn sind die wichtigsten höheren Pflanzen, zu den auffälligsten Bäumen zählt die großblättrige Schluchtweide. Der kürzeste Aufstieg zu den Rieslochfällen beginnt in Bodenmais am Hotel »Waldhaus« am Rißlochweg. Begleitet vom Rauschen des Bachs, leitet ein Weg unter hohen Fichten bergan, und wo er sich bei einer Sprungschanze gabelt, leitet die Markierung »2« auf dem Schluchtweg Richtung »Naturschutzgebiet Rißlochfälle« felsig und wurzelig unter alten Buchen und Fichten aufwärts. Am unteren Ansatz der Wasserfälle führt eine Holzbrücke über den Bach, gelegentlich steil zieht der Steig weiter neben den Kaskaden aufwärts, laut Hinweisschild begehbar »auf eigene Gefahr«. Von den Wasserfällen leiten verschiedene ausgeschilderte Wege nach Bodenmais zurück – ein sehr schöner Spaziergang.

höhten **Hohen Steins** in diesem Klettergebiet erreichen wir den **Großen Riedelstein** (1132 m) wo sich am Denkmal für den Heimatdichter Maximilian Schmidt (1832–1919) Aussicht zurück zur Kötztinger Hütte und zum Kreuzfelsen sowie zum Osser, zum Hohem Bogen und zum Arber bietet. Vom Großen Riedelstein steigen wir durch ein Skigebiet zum Eck-Sattel ab und folgen dem »grünen Dreieck« nach Queren der Straße im Wald zum kreuzüberhöhten **Mühlriegel** (1080 m) hinauf. Auf diesem Berg erwarten uns eine Schutzhütte

und eine prachtvolle Aussicht in das Zellertal sowie zurück zum Riedelstein und – an den Felsen weiter unten – zum näher gerückten Arber. Wenig später verwandelt sich der Kammweg in einen Steig und strebt zu den riffartigen Felsen des **Ödriegels** hinauf, dann laden am **Waldwiesmarterl** Schutzhütte, Bänke und Tisch zur Rast. Gleich darauf passieren wir eine Felskanzel mit Osser-Blick, dann erreichen wir den sechsten Berg dieser Wanderung, die zerklüfteten Felsen des **Schwarzeck**, wo sich am Bergkreuz (1238 m) eine erhabene Aussicht über den Lamer Winkel hinweg zum Osser und auf die Cham-Further Senke bietet. Vom Bergkreuz leitet das Zeichen »grünes Dreieck« hinüber zu einer zweiten Felskanzel, von der der Blick zum **Reischfleckssattel** und auf die Heugstatt schweift. Hier verlässt das »grüne Dreieck« den Felskamm und führt zum Reischflecksattel hinab, in dem eine Schutzhütte steht. Nun geht es hinauf zur **Heugstatt** (1261 m), einer von Fichten umrahmten Bergwiese, an welcher der vom Berggasthof Schareben heraufführende Weg einmündet. Nach Pas-

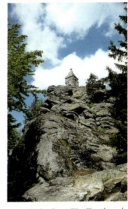

Ein Denkmal für den Heimatdichter Maximilian Schmidt, genannt Waldschmidt, überhöht den Großen Riedelstein auf dem Kaitersberg.

sieren einer weiteren Bergwiese überschreiten wir den bewaldeten **Enzian** (1285 m) und durchschreiten einen teilweise versumpften, mit Planken ausgelegten Sattel mit Bergwiese und Schutzhütte, ehe der steile Aufstieg zum **Kleinen Arber** (1384 m) beginnt. Nach dem Abstieg zur Jugendherberge folgt der Schlussspurt auf den **Großen Arber**. Von dort folgen wir dem grünen Dreieck steil auf dem **Arbersteig** im Hochwald hinab zum **Arberschachten**, wo eine kleine Schutzhütte steht, und weiter steil abwärts zu den **Rieslochfällen**, den größten Wasserfällen des Bayerischen Walds. Wenig später sind wir in Bodenmais.

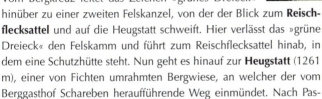

Tipp

Während der Wanderung bestehen **Übernachtungsmöglichkeiten** in folgenden **Berghäusern**; Buchung im Voraus ist erforderlich:
Berggasthof Eck, 93474 Arrach, Tel. 09945-1351, 40 Betten, bewirtschaftet von Mai bis Oktober, von Dezember bis März und an Ostern.
Kötztinger Hütte (1040 m), 93480 Hohenwarth, Tel. 09946-290, 75 Betten, ganzjährig bewirtschaftet, Übernachtung nur November bis Februar und ab Ostern.
Arberschutzhaus (1375 m), 94252 Bayerisch Eisenstein, Tel. 09925-242, 32 Betten, bewirtschaftet von ca. 20. Dezember bis Ende Oktober.
Eine weitere Möglichkeit zur Übernachtung bietet der Berggasthof Schareben (1019 m) bei Drachselsried, der vom Wanderweg aus in einem kurzen Abstecher erreichbar ist; er ist bewirtschaftet von Mai bis Oktober, im Winter je nach Schneelage; 94256 Drachselsried, Tel. 09945-1037.

26

Von Sankt Englmar zum Hirschenstein

Zum König des Vorderen Bayerischen Walds: Sankt Englmar – Predigtstuhl – Hirschenstein – Sankt Englmar

Karte: C 5

leicht

16 km

5 Std.

↑ 450 m
↓ 450 m

ja

Tourencharakter: Leichte Waldwanderung mit Ausnahme des kurzen, aber steilen Abstiegs zum Schuhfleck.
Beste Jahreszeit: Juni bis September.
Ausgangs-/Endpunkt: Neben der Landstraße Viechtach – Straubing finden sich Parkplätze beim Ortseingangsschild Sankt Englmar-Predigtstuhl; hier ist unser Ausgangspunkt.
Wanderkarte: Topografische Karte 1:50 000, Blatt UK L 9: Naturpark Bayerischer Wald (Bayerisches Landesvermessungsamt).
Markierung: Grünes Dreieck bis zum Hirschenstein, »2« bis zum Schuhfleck,

»8« nach Rettenbach, »5« zurück nach Sankt Englmar.
Verkehrsanbindung: A 3 Regensburg – Passau bis Ausfahrt Bogen und weiter nach Sankt Englmar.
Einkehr: Sankt Englmar, Rettenbach, Waldcafé.
Unterkunft: In Sankt Englmar gibt es sechs Hotels, neun Gasthöfe und eine Jugendherberge.
Tourist-Info: Kurverwaltung Sankt Englmar, Rathausstraße 6, D-94379 Sankt Englmar, Tel. 09965-84 03 20, Fax 09965-84 03 30.
Mountainbikegeeignet: ja.

Diese Wald- und Aussichtswanderung führt von Sankt Englmar auf den Hirschenstein (1095 m), den »König des Vorderen Bayerischen Walds«: Der Aussichtsturm auf dem von mächtigen Felsfreistellungen durchbrochenen Berg bietet ein hervorragendes Panorama.

Tipp

Englmarisuchen: Am Pfingstmontag suchen die Einwohner von Sankt Englmar ihren Ortspatron: Eine lebensgroße Holzfigur des Seligen wird im Wald versteckt, Reiter in historischen Kostümen schwärmen aus, um sie zu suchen, der »Graf von Bogen« ist dabei, ein »Abt«, die Knechte, und auf einem Ochsenkarren wird Englmari zurückgeholt. Dieses volkstümliche Spiel zieht alljährlich Tausende von Schaulustigen an. Der Hintergrund: In der Gegend lebte um 1100 der selige Einsiedler Englmar unter dem Schutz des Grafen von Bogen; ein Knecht des Grafen brachte ihn um, weil er sich der lästigen Pflicht entledigen wollte, dem Eremiten Essen zu bringen. Als Englmars Leichnam gefunden und auf einen Ochsenkarren geladen wurde, liefen die Ochsen selbstständig los und blieben erst dort stehen, wo sich heute die katholische Pfarrkirche (1656) von Sankt Englmar erhebt. In der Kirche ist die Englmar-Legende bildlich dargestellt.

Der Blick vom Hirschenstein schweift zu Arber, Falkenstein, Rachel, Lusen und Dreisesselberg sowie auf die Breitenau am Geißkopf; bei entsprechendem Wetter reicht die Sicht bis zu den Alpen.

Der Wegverlauf

Vom Wanderparkplatz am Rand von **Sankt Englmar** folgen wir der Markierung »grünes Dreieck« auf den aussichtsreichen Wintersportberg **Predigtstuhl** und weiter über den ebenfalls recht aussichtsreichen **Knogl**. Kurz dahinter führt die Markierung in schönen Wald hinein, immer mehr Buchen mischen sich zwischen die Fichten, beim **Langkopf** herrliche Aussicht. Wenig später laden an der Rodung **Oedwies** Bänke und Tisch zur Rast, neben dem alten Forsthaus steht eine

26

Für Kinder: Vom Berggasthof in Schwarzach-Grandsberg (800 m), auf einer aussichtsreichen Wiesenrodung im Südwesthang des Hirschenstein-Massivs gelegen, sind es nur 4 km bis zum Hirschenstein. Der mit einem »grünen Dreieck« bezeichnete Weg führt an der Diensthütte – mit Brunnen, Bänken und Tischen und einer wunderbaren Aussicht – vorbei zum Schuhfleck und weiter auf den Hirschenstein.

Kapelle. Von der Oedwies leitet das »grüne Dreieck« weiter zum **Hirschenstein** mit seinen bizarren Felsformationen. Der steinerne Aussichtsturm auf dem Hirschenstein bietet eine hervorragende Aussicht.

Wir folgen nun der Markierung »2« felsig und steil zur Schutzhütte an der **Schuhfleck**-Wegespinne hinab, vertrauen uns dort der Markierung »8« an und lassen uns von ihr durch den Wald in den aussichtsreich gelegenen Weiler **Rettenbach** leiten. Hier zweigt von der Dorfstraße die Markierung »5« rechts in den Hang ab und leitet Richtung Sankt Englmar. Nach Passieren des **Jugendwaldheims** zweigt die »5« rechts ab, wo bald bald darauf das **Waldcafé** zur Rast lädt, dann geht es weiter aufwärts bis zu einer Wegespinne und dort mit der Markierung »4« nach Sankt Englmar: unten kurz links, und wir sind zurück am Ausgangspunkt.

Der Teufelsmühlstein bei Grandsberg.

27 An den Pfahlfelsen über dem Regental

Ruinenromantik am Pfahl: Weißenstein – Kattersdorf –
Großseiboldsried – Weißenstein   Karte: D 5

 leicht

 7 km

 2 Std.

 ↑ 200 m ↓ 200 m

😊 ja

Tourencharakter: Leichte Wald- und Wiesenwanderung mit hervorragenden Aussichtsstellen.
Beste Jahreszeit: Mai bis September.
Ausgangs-/Endpunkt: Parkplatz in Weißenstein (700 m) südlich von Regen.
Wanderkarte: Topografische Karte 1:50 000, Blatt UK L 9: Naturpark Bayerischer Wald (Bayerisches Landesvermessungsamt).
Markierung: Grünes Dreieck, Ziffer 3.

Verkehrsanbindung: A 3 Regensburg – Passau Ausfahrt Deggendorf und weiter nach Regen; der Ortsteil Weißenstein ist ausgeschildert.
Einkehr: Weißenstein.
Unterkunft: In Regen gibt es vier Hotels und 17 Gasthöfe.
Tourist-Info: Tourist-Information Regen, Schulgasse 2, D-94209 Regen, Tel. 09921-29 29, Fax 09921-60 433.
Mountainbikegeeignet: ja.

Von der Burgruine Weißenstein, deren Bergfried eines der umfassendsten Panoramen des Bayerischen Walds gewährt, führt diese Wald- und Wiesenwanderung längs der malerischen Quarzfelsen des → **Pfahls** auf dem Pandurenweg nach Kattersdorf, ehe uns ein aussichtsreicher Weg rund um den Hollerberg und mit prachtvoller Aussicht zurück nach Weißenstein führt.

Burg Weißenstein wurde auf dem höchsten Punkt des hier sehr schmalen Pfahl-Quarzitriffs errichtet.

Der Wegverlauf

Am Parkplatz in Regen-**Weißenstein** queren wir mit dem Zeichen »grünes Dreieck« die Straße und erreichen die Wegverzweigung am Fuß der Burgfelsen: Rechts steht eine Kapelle mit Totenbrettern in ei-

ner aussichtsreichen Wiese mit Blick über das Tal des Schwarzen Regens hinweg zum → **Arber**, links geht es steil hinauf zur Ruine und zum Museum. Gegründet wurde die seit dem frühen 13. Jh. nachweisbare **Burg Weißenstei**n von den Grafen von → **Bogen**, nach deren Aussterben sie 1242 an das Herzogtum Bayern fiel. Der steile Zugang zum aussichtsreichen Bergfried ist kostenpflichtig (1 DM), oben erläutern Panorama-Orientierungstafeln die prachtvolle Rundschau. Da der Pfahl den Hinteren vom Vorderen Wald trennt, sind die Hauptgipfel beider Gebirgsteile in Sicht. Von der zinnenbekränzten Aussichtsplattform auf

27

Tipp

Im **Museum** »Zum fressenden Haus« an der Burgruine Weißenstein ist u.a. die weltgrößte Sammlung von Schnupftabakgläsern zu besichtigen.

dem stattlichen Stumpf des annähernd rechteckigen **Bergfrieds** schweift der Blick zu → **Lusen**, Rachel und Falkenstein auf dem Grenzkamm zu Böhmen ebenso wie zum Arber und zum Kaitersberg, während sich im Vorderen Wald der Teufelstisch und als höchste Erhebungen der Einödriegel und der Geißkopf (→ **Wanderung 28**) oberhalb der Breitenau zeigen. Im 20. Jahrhundert war die Ruine eng verbunden mit dem Namen des nach der Oktoberrevolution aus Lettland emigrierten Dichters Siegfried von Vegesack, der hier ab 1918 lebte und 1974 starb. Der kastenartige, viergeschossige Torturm, in dem er und seine Frau Clara Nordström lebten, ist seit 1985 als **Museum »Zum fressenden Haus«** eingerichtet; zu besichtigen sind u.a. Erinnerungsstücke des Dichterehepaars.

Von der Ruine und dem Museum kehren wir zurück zur Wiese mit der Totenbretterkapelle und folgen der Markierung »grünes Dreieck« links in die unter Naturschutz stehenden Wälder am Fuß der leuchtend hellen Pfahlfelsen hinein, deren markantester der mit einem Kreuz bezeichnete **Weiße Stein** ist. In sachtem Abstieg führt unser Weg durch das Naturschutzgebiet und mündet auf eine kleine, aussichtsreiche Straße, auf der uns das »grüne Dreieck« zum Weiler **Thurnhof** und an den Rand des Dorfs **Kattersdorf** bringt. Dort zweigen wir, nun der Markierung »3« folgend, links hinauf in die aussichtsreiche Wiesen- und Feldmark ab, tauchen beim Weiler **Eggenried** in die Wälder des **Hollerbergs** und erreichen das winzige Dorf **Großseiboldsried**. Dort wandern wir wenige Minuten auf der Stichstraße aufwärts, bis die Markierung »3« links abzweigt und noch einmal in den Wäldern des Hollerbergs ansteigt, ehe der Weg mit prachtvoller Aussicht auf den Pfahl und die Burgruine zum Ausgangspunkt in **Weißenstein** zurückführt.

28 Durch die Breitenau auf den Geißkopf

Am höchsten Berg des Vorderen Bayerischen Walds: Ruselabsatz –
Breitenau – Geißkopf – Ruselabsatz   Karte: C/D 5

○ leicht

🚶 16 km

🕐 5 Std.

⛰ ↑ 350 m ↓ 350 m

☺ ja

Tourencharakter: Leichte Waldwanderung auf teils wurzeligen Wegen.
Beste Jahreszeit: Mitte Mai (Geißkopffest) bis Anfang Oktober.
Ausgangs-/Endpunkt: Parkplatz auf dem Ruselabsatz (855 m) an der Straße Deggendorf – Regen in der Nähe des Skizentrums Rusel.
Wanderkarte: Topografische Karte 1:50 000, Blatt UK L 9: Naturpark Bayerischer Wald (Bayerisches Landesvermessungsamt) oder Fritsch-Wanderkarte 1:50 000, Vorderer Bayerischer Wald.
Markierung: Grünes Dreieck und Ziffer 2.
Verkehrsanbindung: A 3 Regensburg – Passau bis Deggendorf, dann über Deggendorf Richtung Regen.
Einkehr: Geißkopf.
Unterkunft: In Bischofsmais gibt es zwölf Gasthöfe, zwölf Pensionen und ein Appartement-Hotel.
Tourist-Info: Verkehrsamt Bischofsmais, Postfach 47, D-94253 Bischofsmais, Tel. 09920-94 04 44, Fax 09920-94 04 40.

In einem hammerartig überhängenden Felsturm erreicht der Teufelstisch seine höchste Erhebung.

Höhepunkte dieser bequemen Waldwanderung durch das sommers wie winters viel besuchte Berggebiet beim höchsten Gipfel des Vorderen Bayerischen Walds, dem Einödriegel (1121 m), sind das prachtvolle Panorama vom Aussichtsturm auf dem Geißkopf sowie das stimmungsvolle Waldgebiet zwischen der Wüstung Oberbreitenau und der Hölzernen Hand.

Tipp

Das **Streichelgehege** am Geißkopf, der auch per Sessellift erreichbar ist, vermittelt vielen **Kindern** erstmals hautnahen Kontakt mit »wilden« Tieren.

Der Wegverlauf

Vom Parkplatz am **Ruselabsatz** leitet die Markierung »grünes Dreieck« auf dem Tiefenbacherweg kurz Richtung Deggendorf und wechselt dann auf einen Waldweg, der hinüber zur **Josefsbuche** führt; in der Buche befindet sich ein Bildstock. Wenig später erreichen wir die Wegespinne mit der sagenumwobenen **Hölzernen Hand**; bei dem Marterl mit der ominösen Holzhand lädt ein Pilzunterstand zur Rast. Nun leitet die Markierung »grünes Dreieck« zu einem **Gefallenendenkmal** hinauf und passiert eine **Bergwachthütte**, dann erreichen wir die sonnige Felsbastion des **Breiten-**

28

Der vom Geißkopf aus sichtbare **Teufelstisch** im Norden des Talkessels von → **Bischofsmais** ist ein drachenkammartig herausgewitterter Felsgrat mit bizarren Granitburgen, -türmen, -kanzeln und -pfeilern, bedeckt von üppigem Laubwald. Ein Ausgangspunkt für die etwa zwei Stunden dauernde Wanderung über den Teufelstischkamm sind die Parkplätze der Sonnenklinik an der Wastlsäge an der Straße von Bischofsmais Richtung Unterbreitenau/Habischried.

auriegels, des mit 1114 m höchsten Punkts der Wanderung; er gewährt kaum Aussicht, eignet sich jedoch vorzüglich für eine Rast. Vom Breitenauriegel leitet das Zeichen »grünes Dreieck« im Wald hinab zur **Jugendherberge** auf der **Oberbreitenau**, wo sich eine prächtige Aussicht öffnet und der steile Schlussspurt auf den Geißkopf beginnt. Der **Geiß-**

kopf ist per Sessellift erreichbar und bietet eine hervorragende Aussicht: Jenseits des Teufelstischkamms, der den Talkessel von Bodenmais nördlich begrenzt, weitet sich die landwirtschaftlich geprägte → **Pfahlsenke**, die Stadt → **Regen** ist in Sicht, dahinter steigt das Land zum Kaitersberg und zum → **Arber** an.

Vom Geißkopf kehren wir zurück zur Jugendherberge, neben der die Grundmauern der Bauernhäuser der **Wüstung Oberbreitenau** freigelegt wurden. Wie beim Hinweg folgen wir hier der Markierung »grünes Dreieck«, biegen jedoch an der ersten Verzweigung mit der Markierung »2« links ab und wandern durch ein als Naturdenkmal ausgewiesenes **Bruch- und Hochmoorgebiet**. Von diesem Hochmoor leitet die Markierung »2« bequem weiter durch ein stimmungsvolles Waldgebiet, bis schließlich beim bekannten Rastpilz wieder die **Hölzerne Hand** grüßt. Hier wechseln wir auf den ausgeschilderten Wirtschaftsweg und wandern zum Ausgangspunkt zurück.

29 Über den Büchelstein zum Brotjacklriegel

Im Sonnenwald: Grattersdorf – Büchelstein –
Brotjacklriegel – Grattersdorf   Karte: D/E 5/6

 leicht

 14 km

4 Std.

 ↑ 500 m ↓ 500 m

 ja

Tourencharakter: Bequeme Wanderung auf Wald- und Wiesenwegen.
Beste Jahreszeit: Mai bis September.
Ausgangs-/Endpunkt: Kirche in Grattersdorf (476 m).
Wanderkarte: Topografische Karte 1:50 000, Blatt UK L 9: Naturpark Bayerischer Wald (Bayerisches Landesvermessungsamt).
Markierung: »54« und grünes Dreieck.
Verkehrsanbindung: A 3 Regensburg –

Passau Ausfahrt Hengersberg, dann auf der B 533 Richtung Grafenau und abzweigen nach Grattersdorf.
Einkehr: Steinberg, Brotjacklriegel.
Unterkunft: In Grattersdorf gibt es vier Gasthöfe und eine Pension.
Tourist-Info: Gemeinde Grattersdorf, Auguste-Winkler-Straße 1, D-94541 Grattersdorf, Tel. 09904-393, Fax 09904-480.
Mountainbikegeeignet: ja.

Der Brotjacklriegel (»Breite Jägerriegel«) ist der südlichste Bergstock, den der Bayerische Wald der Donau entgegenstemmt. Die Wanderung besticht durch den Wechsel der Aussicht über den weiten Dungau – bei Föhn bis zu den Alpen – und zugleich zu den Bergen des Bayerischen Walds. Ein Rundum-Panorama gewährt der hölzerne Aussichtsturm auf dem Brotjacklriegel.

Der Wegverlauf

Oberhalb der spätgotischen Pfarrkirche von **Grattersdorf** zweigen wir auf die Büchelsteiner Straße ab, eine schmale Stichstraße, die wenig oberhalb an den Büchelstein-Höfen endet. Dort folgen wir dem mit der »54« markierten Weg durch schönen Mischwald mit bemoostem Blockwerk zu einer stimmungsvollen steinernen **Wall-**

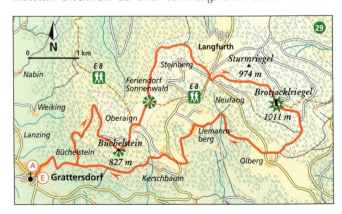

29

Special

Der **Büchelstein** bei Grattersdorf mit einer alten Wallfahrtskapelle in seinem bewaldeten Steilhang zählt zu den aussichtsreichsten Felsmarken des südlichen Bayerischen Walds. Als Aussichtspunkt ist er ebenso bemerkenswert wie als einer der beliebtesten **Drachenflieger-Startpunkte** des Bayerischen Walds und als Namensgeber eines bekannten Eintopfgerichts: Der **Pichelsteiner Eintopf** soll am Büchelstein erfunden worden sein – ein Eintopf aus Rind, Kalb, Schwein, Gemüsen und kräftigen Gewürzen.

Zu den größten Volksfesten der Gegend zählt das jeweils am ersten Augustwochenende veranstaltete **Büchelsteinerfest**.

fahrtskapelle. Wenn die »54« nach Passieren eines Hofs in aussichtsreiches Gelände führt, biegen wir an den ersten Häusern von **Kerschenbaum** links auf die aufwärts führende Straße ab, verlassen sie gleich wieder und erreichen auf einem Waldweg den von einem Bergkreuz überhöhten **Büchelstein**; hier bietet sich eine hervorragende Aussicht über die flachhügeligen Ausläufer des Bayerischen Walds und über den Dungau hinweg. Vom Büchel-

Blick zum Brotjacklriegel von Südosten.

stein folgen wir der Zufahrt wenige Minuten abwärts zum Weiler **Oberaign** und schließen uns dort der Markierung »grünes Dreieck« Richtung »Sonnenwald« an. Aussichtsreich überschreiten wir in sonnigen Wiesen eine Kuppe mit Blick zum Arber, gehen an der nächsten Verzweigung geradeaus mit der Markierung »15« und umgehen das Feriendorf Sonnenwald auf dem **Steinberg**. Im Sattel zwischen Steinberg und Brotjacklriegel queren wir die Straße und zweigen an einem Hotel rechts in den Skipistenhang hinauf ab. Das folgende Wegstück bis hinauf

zum **Brotjacklriegel** wartet mehrfach mit schönen Aussichtsstellen auf, ehe auf dem bewaldeten Gipfel vom **Aussichtsturm** aus die Rundschau genossen werden kann.

Beim Abstieg folgen wir bis **Oberaign** dem Zeichen grünes Dreieck, wandern auf der bekannten Zufahrt hinauf zum **Büchelstein** und folgen dann der Markierung »54« in dieser Richtung weiter zum **Kleinen Büchelstein**. Von dort leitet die »54« auf einem Steig unter Buchen mit stärkerem Gefälle abwärts; wer diese steile Passage vermeiden will, kann auch dem zu einer Schleife ausholenden Weg weiter folgen. Wo der Steig ins Freie tritt, stehen bäuerliche Gebäude, Hühner und Kaninchen laufen herum. Dem Fahrweg, der zu dieser »Klause« führt, folgen wir hinab und sind bald darauf zurück am Ausgangspunkt in **Grattersdorf**.

30 Vom Freudensee auf den Staffelberg

Aussichtsreiche Landschaftsdominante im Passauer Land: Freudensee – Staffelberg – Eckmühle – Freudensee   Karte: F 6

 mittel

 8 km

 3 Std.

 ↑ 350 m ↓ 350 m

 ja

Tourencharakter: Steile Wald- und Wiesenwanderung zum Aussichtsturm auf dem Staffelberg; festes Schuhwerk ist empfehlenswert.
Beste Jahreszeit: Mai bis September.
Ausgangs-/Endpunkt: Parkplatz am Freudensee (480 m) in Hauzenberg, ausgeschildert an der Straße Richtung Wegscheid.
Wanderkarte: Topografische Karte 1:50 000, Blatt UK L 27: Südlicher Bayerischer Wald (Bayerisches Landesvermessungsamt) oder Fritsch-Wanderkarte 1:50 000, Blatt 62: Südlicher

Bayerischer Wald oder Kompass-Wanderkarte 1:50 000, Blatt 197: Südlicher Bayerischer Wald.
Markierung: Ziffern 8 und 9.
Verkehrsanbindung: Staatsstraße Passau – Hauzenberg – Breitenberg.
Einkehr: Freudensee.
Unterkunft: In Hauzenberg gibt es drei Hotels, drei Ferienappartement-Anlagen, 14 Gasthöfe und vier Pensionen.
Tourist-Info: Verkehrsamt Hauzenberg, Schulstraße 2–4, D-94051 Hauzenberg, Tel. 08586-30 30, Fax 08586-30 58.
Mountainbikegeeignet: nein.

Diese Aussichts- und Waldwanderung führt auf eines der landschaftsdominanten Wahrzeichen des Passauer Lands im südlichen Bayerischen Wald.

Tipp

Mit **Kindern** ist es empfehlenswert, die Wanderung in umgekehrter Richtung anzugehen und nach der Umrundung des Freudensees den Naturlehrpfad Staffelbachtal zu begehen.

Der Wegverlauf

Ausgangspunkt ist der Parkplatz am **Freudensee**. Wir folgen der Markierung »8« auf dem einspurigen Sträßchen Richtung »Staffenöd«, unterqueren die Straße Hauzenberg – Wegscheid, überqueren den Staffelbach und wandern aussichtsreich zum Weiler **Staffenöd** im Hang des Staffelbergs hinauf. Kurz vor den Häusern wenden wir uns aussichtsreich links und zweigen am Waldrand rechts hinauf ab: Überaus aussichtsreich leitet der Feldweg durch die Wiesen. Am Waldrand lädt eine Panorama-Sitzbank zur

30

Das **Schaubergwerk** in Hauzenberg-Kropfmühl führt die Techniken des Graphitbergbaus vor Augen, des einzigen Bergbaus, der im Bayerischen Wald bis heute betrieben wird. In einem nicht mehr im Abbau befindlichen Teil des Graphitwerks Kropfmühl gelangen die Besucher bis in 42 m Tiefe. Eine Ausstellung zeigt historische Bergbautechniken einschließlich der Geräte sowie die Produkte, die aus diesem weichen Mineral gewonnen werden; es dient u. a. als schwärzendes Mittel bei der Herstellung von Bleistiften.

Rast, dann führt der nun steiler, steinig und wurzelig werdende Weg im Wald aufwärts. Wo der Waldweg auf einen Forstweg mündet, folgen wir der »8« und der weißschwarzen Markierung links weiter auf einem bequemen Hangweg, dann beginnt nach kurzem Zwischenabstieg der steile, steinige Weg auf den doppelkuppigen Gipfel des **Staffelbergs**. Auf der ersten Kuppe laden zwei

Um den Freudensee, einen waldgesäumten Teich, führt eine Promenade, an der ein Strandbad zum Sprung ins kühle Nass einlädt.

Sitzbänke zur Rast, auf der zweiten gibt es beim hölzernen Bergkreuz Bänke, Tische und eine Grillstelle, dahinter erhebt sich der hölzerne **Aussichtsturm**. Er bietet einen überragenden Blick über Hauzenberg hinweg in das Dreiburgenland zur Burg Fürstenstein, zum Brotjacklriegel und zum → **Arber**, während sich im Staffelbachtal der Freudensee zeigt und am Waldsaum im Hang des gegenüber aufragenden Tiessenbergs die Kapelle »Maria Bründl« mit dem alten Granitbrunnen steht.

Nach dem steilen Aufstieg zum Gipfel erwartet ein ebenso steiler, doch abwechslungsreicherer Abstieg. Steil führen die Markierungen »8« und »9« auf einem Serpentinensteig durch die von bemoosten Felsblöcken und Wald bedeckte Flanke, bis ein neu angelegter, überbreiter Forstweg den naturschönen Abstieg unterbricht. Nach Queren des Forstwegs führt der mit dem gelben Zeichen »TV« markierte Turnersteig links (!) weiter und mündet schließlich in eine kleine, aussichtsreiche Hangstraße. Ihr folgen wir mit der Markierung »9« rechts, bis die »9« (und die »6«) aussichtsreich links hinab abzweigen und an einer kleinen Marienkapelle vorbei ins Staffelbachtal führen. Nach Überqueren des Bachs leiten die Ziffern »9« und die »6« rechts hinauf, wo wir am Ortseingangsschild »Hauzenberg« rechts auf den nun wieder mit der Ziffer »8« markierten **Naturlehrpfad Staffelbachtal** abzweigen. Der landschaftlich sehr schöne Weg führt uns zurück zum **Freudensee**.

Das Soldatengrab auf dem Gipfel des Staffelbergs.

Vorherige Doppelseite: Das Barockensemble von Sankt Hermann bei Bischofsmais.

▶ ARBER

Höhe: 1456 m	Karte: D 4
	Wanderung 21

Der doppelgipflige Arber mit den beiden Arberseen und den Rieslochfällen ist das höchste Bergmassiv des Böhmerwalds und eines seiner bedeutendsten **Tourismus- und Wintersportzentren**. Der waldbedeckte, zu den Seen in weitgehend unzugänglichen Wänden abstürzende, von aussichtsreichen Felsen durchbrochene Bergstock erhebt sich zwischen → **Bayerisch Eisenstein** im Osten, → **Bodenmais** im Süden und dem → **Lamer Winkel** im Norden und schickt nach Westen den Schwarzeck-Kaitersberg-Kamm, der bei → **Kötzting**

endet. Von fast überall ist der Große Arber als die höchste Erhebung an seiner unverwechselbaren Silhouette sofort erkennbar: Mächtige Gneisfelsen umgeben die waldfreie Gipfelverebnung wie die Bastionen einer natürlichen Burg.

Gipfelrundgang: Ein Rundgang auf dem auch per Sessellift und Gondelbahn erreichbaren Großen Arber vermittelt eine einzigartige Übersicht über den Bayerischen und Böhmerwald. Der höchste Punkt des im Besitz des Fürstenhauses Hohenzollern-Sigmaringen befindlichen Gipfels ist eine Gneisrippe mit hölzernem Bergkreuz und einer Aussicht, die an klaren Tagen bis zu den Alpen, zum Wienerwald, Fichtel- und Erzgebirge und zum Prager Hradschin reicht.

An der schindelgedeckten Arberkapelle wird alljährlich am Bartholomäustag, dem 24. August, die Arberkirchweih eröffnet.

Vom **Südwestriegel** fällt der Blick mehr als 700 m hinab in die Mulde des oberen Zellertals mit den Häusern von Bodenmais, im Nadelwaldkleid der Arbersüdhänge zeigen sich die Arberschachten- und die Mittagsplatzl-Rodung, weiter im Osten stehen Falkenstein, Rachel und weitere Berge des Böhmerwald-Hauptkamms. Von der mächtigen Felsbastion im Westen sind der **Kleine Arber** (1364 m) mit der Jugendherberge am Hang und der Schwarzeck-Kaitersberg-Kamm in Sicht. Im Nordwesten bzw. Norden treten während des Gipfelrundgangs der Hohe Bogen und jenseits des Lamer Winkels der doppelgipflige Osser ins Blickfeld. Mehr als 500 Höhenmeter weiter unten blinkt das Wasser des Kleinen Arbersees mit den schwimmenden Moorinseln.

Auch der Seeriegel bei der Kapelle bietet eine wundervolle Aussicht: Tief unten zeigt sich der Große Arbersee, oberhalb ist auf der Seewand das Mittagsplatzl in Sicht, weiter links zeigt sich Zwiesel, noch weiter links erhebt sich das Falkensteinmassiv, und ganz links liegen im Regental Bayerisch und Markt Eisenstein. Nordöstlich unterhalb des Seeriegels befinden sich das **Arberschutzhaus** (1375 m) als Gasthaus und Unterkunftsstätte sowie die Sessellift- und die Gondelbahn-Bergstation. Zwischen dem Seeriegel und dem Südwest-Riegel erhebt sich eine markante Felsbildung, die **Richard-Wagner-Kopf** genannt wird und früher **Die Alte vom Arber** hieß. Wie die Sagen berichten, erzählten die Leute nach dem Gipfelaufstieg dieser weisen Alten ihre Sorgen und Freuden, die Alte lauschte still und gab ihnen hilfreiche Zeichen zur Antwort.

Geschichte: Das Verschwinden des Walds auf der Gipfelverebnung wurde in alter Zeit herbeigeführt. Der 1279 in einer Schenkungsurkunde des Bistums Regensburg an das Kloster Rott überlieferte älteste Name des Arber lautet Hatwich, zu althochdeutsch hawich = Hau (Holzschlag im Wald). Dass auf dem Gipfel, nicht aber in der Umgebung gerodet wurde, ist ein Hinweis darauf, dass die weithin sichtbare Gipfelverebnung zu kultischen und Kommunikationszwecken genutzt wurde. Nachrichten wurden per Lichtsignal von Berg zu Berg verbreitet, wobei die nächsten Signalberge Osser und Falkenstein sowie der bis heute mit einem das Sonnenlicht reflektierenden »Leuchtkreuz« versehene Kreuzfelsen bei Kötzting gewesen sein können. Johannes Aventinus, der 1517 bayerischer Hofhistoriograph wurde, berichtet in seiner

> An der **Seeriegel-Felsburg** im Südosten des Arber-Gipfelplateaus steht die **Arberkapelle**, an der alljährlich am Bartholomäustag, dem 24. August, die **Arberkirchweih** eröffnet wird. 1806 soll die erste Kapelle errichtet worden sein, der jetzige Bau stammt von 1956.

»Baierischen Chronik«, dass auf dem Gipfel des Arber jedes Jahr an einem bestimmten Tag blutige Kämpfe zwischen Bayern und Böhmen ausgetragen wurden; die Verlierer seien in den Arbersee gestürzt worden. 1748 kam der Arber an das Königreich Bayern.

Tourist-Info: Verkehrsamt Bayerisch Eisenstein, Schulbergstraße 1, D-94252 Bayerisch Eisenstein, Tel. 09925-327, Fax 09925-478.

▶ ARBERSEE

Höhe: 953 m	*Karte: D 4*
	Wanderung 21

Der Arbersee in der Ostflanke und der Kleine Arbersee in der Nordflanke des Arber sind Karseen, die aufgrund ihrer Schönheit und ihres **botanischen Reichtums** zu den herausragenden Sehenswürdigkeiten des Bayerischen Walds zählen. Der Große Arbersee (953 m) ist von Bayerisch Eisenstein, Regenhütte und Bodenmais auf Straßen erreichbar. Der nicht als Naturschutzgebiet ausgewiesene Bereich kann mit Ruder- und Tretbooten befahren werden (**Bootsverleih**), während der verlandende Westuferbereich mit seinem für Karseen typischen Schwingrasen ebenso unter Naturschutz steht wie die dahinter aufragende **Seewand**. Durch die felsendurchsetzte, teilweise von urwaldartigem Bergwald bestockte Seewand führt einer der naturnahsten und schönsten Steige zum Arber; nach dem Unfall eines unerfahrenen Touristen ist diese Route jedoch aufgelassen. Vom Großparkplatz am Arberseehaus führt der 2 km lange **Arberseerundweg** teilweise auf Bohlenwegen um den acht Hektar großen eiszeitlichen Restsee. Wo dieser Weg die Brücke über den Ausfluss des Sees erreicht – hier tritt in einem End- und Seitenmoränengebiet der Gei-

gen- oder Arberseebach aus, der oberhalb von Regenhütte in den Großen Regen mündet –, ist mit Blick auf den Seeriegel die Entstehung des Sees am besten zu verstehen; sie begann vor etwa 10 000 Jahren am Ende der letzten Eiszeit: Das vom Arber herabfließende Eis schürfte zwei Becken in den Talboden, das eine neun, das andere 15 m tief; die Becken füllten sich nach dem Abschmelzen des Eises mit Wasser, das zudem durch Moränenschuttwälle auf-

Bootromantik am Arbersee; rechts oben der Seeriegel am Rand des Arbergipfels, links die Seewand.

gestaut wurde. 1898 wurde dieser vom Eis geschaffene Kar- und Endmoränenstausee künstlich höher gestaut und mit einer Schleuse versehen, damit das Seewasser für die Holztrift genutzt werden konnte; 1956 wurde die Trift eingestellt. Nach Überqueren der Brücke folgt der Weg dem Ufer an Teichrosenbeständen vorbei zum verlandenden, unter Naturschutz stehenden Westbereich des Sees unterhalb der Seewand. Noch vor zehn Jahren tummelten sich im Wasser Forellen und Saiblinge; heute kommen wegen des vom sauren Regen verursachten hohen Säuregehalts keine Fische mehr vor. Im Westuferbereich sind Bohlenstege über den mächtigen, auf dem See schwimmenden **Schwingrasen** gelegt, einem Hochmoorteppich, der durch das dichte Wurzelgeflecht seltener Pflanzen gebildet wird; hier wachsen u. a. Sonnentau und Blumenbinse. Im Nordwestbuchtbereich mündet der größte Zufluss, der **Geigenbach**, der wenige Meter oberhalb einen kleinen Wasserfall bildet, den **Geigenbachfall**.

Tourist-Info: Verkehrsamt Bayerisch Eisenstein, Schulbergstraße 1, D-94252 Bayerisch Eisenstein, Tel. 09925-327, Fax 09925-478.

▶ BAYERISCH EISENSTEIN

Höhe: 724 m	Karte: D 4
Einwohner: 1800	Wanderung 20

Der **Luftkurort** und **Wintersportplatz** Bayerisch Eisenstein liegt am Ostfuß des → **Arber** im Hochtal des Großen Regen am Grenzübergang zu Tschechien. Wenige Kilometer talaufwärts liegt das ursprüngliche Eisenstein, das bis 1809 ebenfalls zu Bayern gehörte: → **Železná Ruda**, auch Markt Eisenstein bzw. Böhmisch Eisenstein genannt.

Geschichte: Nachdem Eisenstein 1809 an das österreichische Königreich Böhmen gefallen war, ließ die Familie Hafenbrädl, die damals bedeutendsten Glashütteninvestoren der Gegend, auf der bayerischen Seite der Grenze Bayerisch Häusl errichten (heute zu Bayerisch Eisenstein), während sich auf dem Gebiet des nachmaligen Bayerisch Eisenstein Zollbeamte ansiedelten.

Tip für Wasserratten: **Arber-Wellenhallenbad** in Bayerisch Eisenstein mit beheiztem Außenbecken, Whirlpool, Dampfsauna, Solarien, medizinischer Bäderabteilung, Restaurant und Minigolf.

Größere Bedeutung erhielt der Ort ab 1877, als er Endstation der Eisenbahnlinie Landshut – Bayerisch Eisenstein wurde; die Bahnlinie wurde auf böhmischer Seite durch die Linie Markt Eisenstein – Pilsen fortgesetzt.

Tourist-Info: Verkehrsamt Bayerisch Eisenstein, Schulbergstraße 1, D-94252 Bayerisch Eisenstein, Tel. 09925-327, Fax 09925-478.

▶ BISCHOFSMAIS

Höhe: 682 m	Karte: D 5
Einwohner: 3200	Wanderung 28

Der **Erholungs- und Wintersportort** Bischofsmais liegt in einem weiten Talkessel am Fuß des Einödriegels (1121 m), der höchsten Erhebung des Vorderen Bayerischen Walds. Hausberg ist der durch einen Sessellift sowie durch Wanderwege und im Winter durch mehrere Schlepplifte erschlossene **Geißkopf**, dessen Aussichtsturm eine prachtvolle Rundschau gewährt. Am Ortsrand befindet sich in → **Sankt Hermann** der älteste Wallfahrtsort des Bayerischen Walds, im Norden wird der Talkessel überragt von den malerischen Felsformationen des Teufelstischs.

Tourist-Info: Verkehrsamt Bischofsmais, Postfach 47, D-94253 Bischofsmais, Tel. 09920-94 04 44, Fax 09920-94 04 40.

▶ BODENMAIS

Höhe: 689 m	*Karte: D 4*
Einwohner: 3400	*Wanderung: 20*

Der **heilklimatische Kurort und Wintersportplatz** Bodenmais liegt am Südfuß des → **Arber** unterhalb der Rieslochfälle. Neben dem Tourismus bildet die **Glasveredelung** mit zahlreichen Veredelungsbetrieben und zwei Glashütten den Hauptwirtschaftszweig des Marktorts, während der früher bedeutende Bergbau 1962 eingestellt wurde und in Form eines Besucherbergwerks im Silberberg fortlebt.

Geschichte: Benannt ist Bodenmais nach dem ersten Siedler, Pabo, der vermutlich im 13. Jh. an dieser Stelle rodete und von der Goldwäscherei lebte. Erstmals erwähnt wird die Goldwäscherei in »Pabenmaiz« um 1300, eine Urkunde von 1364 berichtet von den Anfängen des Bergbaus. Neben Erzen wurden Silber, Schwefel und Magnetkies gefunden, aus den Kiesen wiederum wurde das Polierrot für die Glasschleiferei gewonnen.

Wallfahrt: Als 1705 eine barocke Nachbildung des Gnadenbilds von Loreto von München nach Bodenmais übertragen wurde, wurde der Bergbauort auch ein bedeutendes Wallfahrtsziel. Anfang des 19. Jh. wurde Bodenmais Pfarrei, was den Bau einer größeren Kirche zur Folge hatte: In der 1804/05 erbauten Pfarrkirche Mariä Himmelfahrt steht das Gnadenbild in der Mittelnische des stattlichen Hochaltars (um 1720).

Tourist-Info: Kurverwaltung Bodenmais, Bahnhofstraße 56, D-94249 Bodenmais, Tel. 09924-77 81 35, Fax 09924-77 81 50.

Tipp

Silberberg: Der Silberberg südöstlich von Bodenmais ist **Bergbaumuseum, Panoramapunkt** und **Höhlentherapiestation** zugleich; auch unter Mineraliensammlern und »Steineklopfern« erfreut sich der Berg großer Beliebtheit. Auf den Bischofshaube genannten aussichtsreichen Gipfel (955 m) führt ein **Sessellift**. Das Innere des Bergs durchzieht ein 20 km langes Stollensystem, von dem ein Teil als **Schaubergwerk** zur Besichtigung freigegeben ist; dieses Museum vermittelt einen hervorragenden Einblick in die Geschichte des Erzabbaus und der Abbautechniken. Ein Nebenstollen des Barbarastollens dient vom 1. Mai bis zum 30. September jeweils von 10.00–12.00 Uhr der Höhlenklimatherapie bei chronischen Atemwegserkrankungen, Asthma, chronischer Bronchitis und chronischer Nasen-Nebenhöhlen-Entzündung. In anderen Teilen des Stollensystems haben Fledermäuse ein Rückzugsgebiet gefunden.

▶ BOGEN

Höhe: 322 m	Karte: B/C 5
Einwohner: 3800	

Die Stadt Bogen liegt an der Donau am Südrand des Naturparks Bayerischer Wald am Fuß des → **Bogenbergs**, eines der bedeutendsten Marienwallfahrtsziele Niederbayerns, und ist der Ursprungsort des weißblauen bayerischen Rautenwappens (→ **Windberg**). Der weiträumige **Straßenmarkt** ist ein charakteristisches Beispiel für altbayerische Straßenmärkte. Im Stadtteil **Oberaltaich** steht die doppeltürmige Barockkirche (1622–30) der um 1100 von den Grafen von Bogen gegründeten Benediktinerabtei (1803 säkularisiert).
Tourist-Info: Fremdenverkehrsamt Bogen, Stadtplatz 56, D-94327 Bogen, Tel. 09422-50 51 09, Fax 09422-50 51 82.

▶ BOGENBERG

Höhe: 430 m	Karte: B/C 5

Auf dem Bogenberg wird Maria »in der Hoffnung« verehrt.

Der aussichtsreiche Bogenberg mit der inmitten einer bronzezeitlichen Umwallung stehenden gotischen Marienwallfahrtskirche und dem Gnadenbild der »Maria in der Hoffnung« ist alljährlich an Pfingsten Ziel einer berühmten **Kerzenwallfahrt**; zugleich ist die von Laubwäldern und mediterranen Pflanzen besiedelte Gneiskuppe einer der botanisch interessantesten Plätze im **Naturpark Bayerischer Wald**. Wie ein Härtling ragt der Bogenberg zwischen den hügeligen Südausläufern des Bayerischen Walds und der flachen Gäubodenlandschaft des Dungaus 118 m aus dem Donautal auf und gewährt Aussicht bis zu den Alpen, nach Österreich und zu den höchsten Bergen des Bayerischen Walds. Der Bogenberg ist Teil eines Gneisriegels, dessen hartes Gestein den Lauf des Flusses am Südrand des Bayerischen Walds lenkt. Weitere Erhebungen dieses Riegels sind der unter Naturschutz stehende Natternberg bei → **Deggendorf**, der Klosterberg von → **Niederaltaich**, der Hengersberg und der Burgberg von Winzer, ehe die Donau bei Vilshofen in das Grundgebirge einschneidet.
Die Anwesenheit von Menschen auf diesem markanten Landschaftspunkt, der Wahrzeichen einer ganzen Region ist, ist archäologisch

Vom Gasthaus bei der Wallfahrtskirche leiten mehrere Wege aussichtsreich durch die Südflanke des Bogenbergs, an dessen Ostende die kleine Schimmel- oder Ulrichskapelle steht; der Hauptwanderweg allerdings ist der Wallfahrtsweg, der, in Bogen beginnend, einem Kreuzweg zur Kirche hinauf folgt. Die bedeutendste Wallfahrt ist die **Pfingstwallfahrt**: Die Männer von Holzkirchen bei Vilshofen tragen eine 13 m lange, etwa einen Zentner schwere rote Kerze während einer eineinhalbtägigen Fußwallfahrt 75 km weit nach Bogen. Am Freitag vor Pfingsten umwickeln sie eine Fichtenstange mit Kerzenwachs, am Samstag brechen die Wallfahrer nach einem Hochamt auf, übernachten in Deggendorf und treffen am Mittag des Pfingstsonntags in Bogen ein, wo die Kerze aufgerichtet und von den Stärksten der Pfarrei abwechselnd auf den Berg und dann um die Wallfahrtskirche herum getragen und zuletzt Unserer lieben Frau geopfert wird. Jede Opferkerze bleibt zwei Jahre lang neben dem Gnadenaltar stehen. Diese **Kerzenwallfahrt** gibt es seit 1492: Um die Bedrohung ihrer Wälder durch Borkenkäfer abzuwehren, »verlobten« sich die Holzkirchener damals durch eine Kerzenprozession mit Maria, heißt es.

seit der frühen Bronzezeit belegt: Um 1500 v. Chr. wurden im Bereich der heutigen Wallfahrtskirche Umwallungen errichtet, um 1000 v. Chr. wurde das 900 m lange und bis zu 150 m breite Gipfelplateau von einer Mauer umgeben, weitere Spuren datieren vom Ende der keltischen Zeit um 100 v. Chr. Diese vorgeschichtlichen Spuren, von denen mehrere bis heute erkennbar sind, werden als Reste eines Bezirks gedeutet, der als Kultzentrum und Fliehburg fungierte.

Erstmals erwähnt wird der Bogenberg um 740 als »mons Grind« [Grindberg] in einer Schenkungsurkunde an das Benediktinerkloster Niederaltaich. In dieser Urkunde wird unterschieden zwischen der »villa Pogana«, der heutigen Stadt Bogen, und dem damals als Weinberg genutzten »mons Grind«. Erst als die Grafen von → **Windberg** um 1140 ihren Stammsitz nach Bogen verlegt hatten und die Wallfahrt einen großen Aufschwung nahm, wurde für den Berg der Name »Bogenberg« gebräuchlich.

Bereits um 1100 stand auf der Höhe des Bogenbergs eine Kirche, die Graf Aswin zu dieser Zeit dem neu gegründeten Benediktinerkloster Oberaltaich schenkte. In gemeinsamer Kultregie der Grafen und der Benediktiner wurde eine Marienstatue zum wallfahrtsauslösenden Gnadenbild erklärt: Ziel der Wallfahrt war nicht mehr die schon 2000 Jahre zuvor als Kultzentrum dienende Bergeshöhe, sondern ein Bild. Die Legende berichtet, dass im Jahr 1104 ein steinernes Marienbild donauaufwärts schwamm und am Bogenberg auf dem Marienstein landete. Graf Aswin brachte das Bild auf den Berg und stellte es in der Schlosskapelle auf, der rasch anwachsende Pilgerstrom veranlasste ihn, die ganze Bergkuppe den Benediktinern zu schenken, er selbst ließ sich ein neues Schloss auf der Schlossberg genannten Höhe nördlich des Bogenbergs errichten. Die Wallfahrt wurde rasch bekannt, 1224 wurde der Bogenberg als »Berg der heiligen Maria« in einer Urkunde des Papstes Honorius III. genannt, 1295 begann der Bau einer neuen Kirche, die im 15. Jh. durch den heutigen Bau ersetzt wurde. Zur Finanzierung der 1463 vollendeten Wallfahrtskirche trugen zahlreiche Adelsgeschlechter, Märkte und Städte Altbayerns einschließlich Münchens bei. 1732 erfolgte eine durchgreifende Barockisierung.

Wallfahrtskirche: Zu den ältesten Ausstattungsstücken zählt in einer Nische rechts des Hochaltars eine archaisch wirkende **steinerne Sitzmadonna** mit Krone und Kind; es handelt sich um das ursprüngliche Gnadenbild, vom Typ her den Schwarzen Madonnen der Romanik vergleichbar: »Sie lässt sich stilistisch kaum mit erhaltenen Werken dieser Zeit vergleichen; sie gehört in den viel größeren Zusammenhang primitiver Kunst, sodass man ähnliche Formgebung in ganz anderer Zeit und in anderen Ländern, z. B. in der Bretagne, wieder findet« (Kirchenführer Bogenberg). Über dem Nordportal ist innen eine **stehende Steinmadonna** (um 1390) mit Kind angebracht, vom Kind der Steinmadonna (um 1380) über dem Südportal ist nur ein Arm erhalten. Das um 1400 geschnitzte neue **Gnadenbild** – der Wechsel von Wallfahrtsbildern ist oftmals überliefert – zeigt eine **Maria in der Hoffnung**: Im gläsernen Leib der Schwangeren ist das Kind sichtbar. Der Bogenberg war ein bevorzugtes Wallfahrtsziel von Schwangeren, bei Unfruchtbarkeit und bei Schwangerschaftsbeschwerden. Beim Gnadenbild wurden früher »Gebärringe« ausgegeben, in die eine Kopie des Gnadenbildes eingraviert war; Schwangere trugen diese Ringe zur Sicherung der Leibesfrucht und für eine gute Geburt. Darüber hinaus wurde das Bild auch generell bei gynäkologischen Erkrankungen angerufen; ein Wallfahrtslied von 1645 besingt die Heilung einer Frau vom »Blutgang«.

> Aufgrund der exponierten Lage empfängt der Bogenberg hohe Sonnenenergie und ist von Pflanzen besiedelt, die extreme Hitze,und Trockenheit vertragen können. **Der Frühling beginnt hier früher als andernorts:** Wenn die höheren Lagen des Bayerischen Walds noch schneebedeckt sind, blühen im Südhang des Bogenbergs Küchenschellen, Frühlingsfingerkraut, Hungerblümchen und der Blaustern.

Tourist-Info: Verkehrsamt Bogen, Stadtplatz 56, D-94327 Bogen, Tel 09422-50 51 09, Fax 09422-50 51 82.

▶ ČESKÉ BUDĚJOVICE [BUDWEIS]

Höhe: 390 m   *Karte: H 4/5*
Einwohner: 99 600

Die Stadt České Budějovice im fruchtbaren Budweiser Becken an der Mündung der Maltsch in die Moldau ist die **Metropole Südböhmens**. Die von Resten der mittelalterlichen Befestigung umgebene **Altstadt** mit ihren gotischen, Renaissance-, Barock- und Empirebauten sowie ihrem fast unverändert erhaltenen mittelalterlichen Grundriss steht in ihrer Gesamtheit unter Denkmalschutz.

Die basilikalen Fleischbänke [Masné krámy] (1554-60) dienen heute als Gaststätten und Bierhallen, in denen der bekannteste Markenartikel des Brauereistandorts genossen wird: **Budweiser**.

Stadtbild: Das Zentrum der um 1265 vom »goldenen König« Přemysl Otakar II. an der alten Salzstraße Linz – Prag als königliches Bollwerk gegen den südböhmischen Adel gegründeten, mit deutschen Siedlern besetzten, schachbrettmusterartig angelegten und stark befestigten Stadt bildet das 133x133 m große **Marktplatz**-Rechteck [Náměstí Přemysla Otakara II.], in dessen Mitte 1720–27 der **Samsonbrunnen** [Samsonova kašna] steht, während Renaissancehäuser mit zusammenhängenden Laubengängen die Seiten säumen, unter ihnen das barockisierte **Renaissance-Rathaus** (1727–30) und die **Bischofsresidenz** im ehemaligen Piaristenkloster (1769). Überragt wird der Marktplatz vom 72 m hohen **Schwarzen Turm** [Černá věž], der 1549-78 als frei stehender Glockenturm der Domkirche Sankt Nikolaus errichtet wurde und heute als **Aussichtsturm** fungiert; von seiner Höhe lässt sich das schachbrettartige Muster des Stadtgrundrisses deutlich erkennen. Die um 1265 gegründete **Kirche Sankt Nikolaus** – als die Stadt während des Dreißigjährigen

Kriegs auf kaiserlicher und katholischer Seite stand, wurden 1631 in der Kirche das böhmische Kronarchiv und die Krönungsinsignien verwahrt – wurde 1649 barockisiert, nach der Gründung des katholischen Bistums Budweis 1785 wurde sie Domkirche. An die Zeit des Salzhandels erinnert am Piaristenplatz [Piaristické náměstí] das gotische **Salzhaus** (1531), das später zum Zeughaus umfunktioniert wurde. Markantester Rest der ehemaligen Stadtbefestigung ist die **Eiserne Jungfrau** [Železná panna]: Der turmartige Bau erhebt sich am Südwestende der Altstadt am Zusammenfluss von Maltsch und Moldau. 1829 wurde von Linz nach Budweis die erste österreichische Eisenbahnlinie (mit Pferdebetrieb) gebaut. Damals bildeten Budweis und die umgebenden Dörfer eine deutsche Sprachinsel, die während der Industrialisierung infolge des Zuzugs tschechischer Arbeiter rasch zusammenschmolz: Bis 1890 stieg der Anteil der tschechischen Einwohner auf 60%, 1921 lag er bereits bei 85%.

Tourist-Info: Čedok, Náměstí Přemysla Otakara II. 39 (Marktplatz), CZ-37000 České Budějovice, Tel. 038-52 127.

▶ ČESKÝ KRUMLOV [KRUMAU]

Höhe: 509 m	Karte: H 5/6
Einwohner: 14 600	

Die **historische Altstadt** von Český Krumlov am Ostrand des Böhmerwalds auf einer halbinselartig von der Moldau umflossenen Landzunge steht als **Weltkulturerbe** unter dem Schutz der UNESCO. Überragt wird die ehemalige Residenzstadt der Reichsfürsten zu Schwarzenberg und Herzöge von Krumau, der »Könige des Böhmerwalds«, von der nach dem Prager Hradschin zweitgrößten **Schlossanlage** Tschechiens.

Stadtbild: Im Schutz der Burg auf dem Felsriff hoch über der Moldauschleife entwickelte sich im Engtal des Flusses die Siedlung, die 1278 erstmals als Stadt erwähnt wird und unter der Herrschaft der Rosenberger (1302–1601) ihre größte Blütezeit erlebte, wirtschaftlich getragen durch Silber- und Bleibergbau. 1407–39 wurde als stadtbildprägendes Bauwerk die 1309 gegründete **Veitskirche** als dreischiffiger gotischer Hallenbau neu errichtet und reich ausgestattet (»Krumauer Madonna«). Das **Rathaus** (bis 1580) entstand aus der Verbindung zweier spätgotischer Häuser. Von der Stadtbefestigung (im 19. Jh. niedergelegt) sind das **Budweiser Tor** [Českobudějovická brána] (1596–98) und eine Bastei erhalten. 1601 wurde Krumau an

Tipp

Kulturzentrum Egon Schiele: In den Räumen der historischen Stadtbrauerei zeigt das Kulturzentrum Egon Schiele eine **Dauerausstellung** zu Leben und Werk des bedeutendsten Vertreters des Expressionismus in der österreichischen Malerei. Beeinflusst von Gustav Klimt, malte Schiele bis 1910 in den symbolistischen und Jugendstilformen der Wiener Secession, näherte sich dann dem expressiven Stil Oskar Kokoschkas an und entwickelte einen eigenen Stil großer Ausdrucksstärke und individueller Symbolik.

Kaiser Rudolf II. verkauft, 1622 erwarb das Geschlecht der Eggenberger die Stadt und ließ die Burg barockisieren. Unter der Herrschaft der Schwarzenberger, deren ältester Spross ab 1719/23 den Titel Herzog von Krumau führte, erhielt die Burg ihr im Wesentlichen bis heute erhaltenes extravagantes Gepräge.

Burg/Schloss Krumau: Weithin sichtbares Wahrzeichen der zum Schloss umgestalteten Burg Krumau mit ihrem Park, ihren drei Höfen und fast 300 Zimmern sowie dem weltweit einzigen barocken **Schlosstheater** mit originaler Ausstattung ist der **Renaissance-Turm** (um 1590) an der Stelle des alten Bergfrieds aus dem 13. Jh. Die im 14. Jh. errichtete Oberburg wurde im 15. Jh. durch einen dreiflügeligen Palast erweitert und im 17. Jh. barockisiert, die Schwarzenberger ließen sie im 18. Jh. noch einmal umbauen, ließen den Maskensaal errichten, die Winterreitschule erbauen und den Park erneuern. Prunkstücke des Schlossparks sind das Sommerschloss Bellaria (1706–08) und die 30 m lange Rokokobrücke (1764), die zum Schlosstheater (1766/67) führt. Im modernen Freilichttheater finden im Sommer Konzert- und Theaterveranstaltungen sowie zahlreiche Festivals statt.

 # CHAM

Höhe: 375 m	Karte: B 3/4
Einwohner: 17 200	

Die Kreisstadt Cham liegt im **Naturpark Oberer Bayerischer Wald** in der vom Regen durchflossenen Cham-Further Senke; diese weite Senke zwischen dem Bayerischen und dem Oberpfälzer Wald fungiert seit Urzeiten als Verkehrsweg nach Böhmen (Regensburg – Plzeň).

Geschichte: Ausgangspunkt der Besiedlung war der aussichtsreiche **Galgenberg** hoch über der Mündung der Chamb. In keltischer Zeit wurde auf diesem Berg ein Ringwall angelegt, heute **Schwedenschanze** genannt, im 10. Jh. entstand hier die Reichsburg Cham (Camma) als militärischer und politischer Mittelpunkt der 1050 erstmals genannten Böhmischen Mark bzw. Mark Cham, deren zahlreiche Burgen die Grenzsicherung gegen Böhmen zu leisten hatten. Als die Markgrafen von Cham 1204 ausstarben, verleibte der bayerische Herzog Ludwig der Kelheimer die Markgrafschaft seinem Territorium ein. 1135 wird die unterhalb der Burg entstandene Siedlung Altenstadt erwähnt, 1210 wird eine »Neustadt« Cham erwähnt, die 1293 Stadtrechte erhielt.

Stadtbild: Wahrzeichen von Cham ist das **Biertor** (1430), eines der Stadttore. Im Zentrum liegt der trapezförmige **Marktplatz** mit dem gotischen Chor der Pfarrkirche **Sankt Jakob** (13. Jh.), der spätgotischen Rathausfront (14./15. Jh.) und der Renaissance-Attika des ehem. Gasthauses Zur Krone (15. Jh.). Von der äußeren (Spatzenturm, Graßlturm) und der inneren Stadtmauer (**Straubinger Turm** mit **Storchennest**) sind Reste erhalten. Im ehem. Armenhaus (frühes 16. Jh.) befindet sich das **SPUR-Museum** mit Werken der gleichnamigen Künstlergruppe. Weithin sichtbar wird die Altstadt von der neuromanischen **Kirche Maria-Hilf** und dem repräsentativen Redemptoristenkloster (1900-02) dominiert.

Chammünster: Im Stadtteil Chammünster am Fuß des Lambergs mit der monumentalen spätgotischen Kirche **Mariä Himmelfahrt** (1476) befand sich die Urpfarrei des mittleren Böhmerwalds. Bereits um 740 schenkte Herzog Odilo von Bayern der Regensburger Benediktinerabtei Sankt Emmeram ein Gebiet im »Nordwald« zur Gründung eines Missionsklosters, das im Jahr 819 als »cella apud Chambe« erstmals erwähnt wird. Diese klösterliche Zelle wurde 975 dem Bischof unterstellt und wurde damit die Urpfarre des mittleren Böhmerwalds; im Spätmittelalter, endgültig im 17. Jh. wurde der Pfarrsitz nach Cham verlegt. Die Ausmaße der bestehenden Kirche sind ein Hinweis auf ihre frühere Bedeutung.

Walburgakirche auf dem Lamberg: Auf der hohen Kuppe des von frühgeschichtlichen Ringwallanlagen durchzogenen Lambergs oberhalb von Chammünster steht im Wald mit schöner Aussicht die Wallfahrtskirche Sankt Walburga, die ein wechselvolles Schicksal hinter sich hat. Der von Legenden und Sagen umwobene Berg, auf den von Chammünster mehrere Wanderwege führen, soll schon den Heiden als Platz zur Verehrung von Gottheiten gedient haben; der Boden soll getränkt sein vom Blut vieler Christen, doch schließlich wurde auf seiner Kuppe ein Kirchlein erbaut und Walburga geweiht. Es ist überliefert, dass die Wallfahrer den Lamberg 14mal umritten oder umwanderten, ehe sie zur Kirche aufstiegen. Als nach der Reformation derlei Rituale als Ausdruck finsteren Aberglaubens gedeutet wurden, wurde die Kirche 1556 abgerissen. Doch der Ort, an dem die »alte Kirche« gestanden hatte, zog weiterhin viele Gläubige an, und 1628 wurde eine neue Walpurgiskirche gebaut, an der sich am 1. Mai 1654 mehr als 6000 Pilger aufhielten. Eine neuerliche Bewährungsprobe bestand die Kirche nach der Säkularisation: 1806 wurde sie teilweise zerstört, ihre Einrichtung wurde geplündert, doch 1832 ließen die Chamer Bürger die Kirche wieder aufbauen, und heute ist der 1. Mai auf dem Lamberg ein Fest wie vor Hunderten von Jahren. Zu den ältesten erhaltenen Ausstattungsstücken zählt eine Immaculata mit Adam und Eva umschlingender Schlange (18. Jh.). In der südlichen Seitenkapelle finden sich zahlreiche Votivgaben ab 1832.

Tourist-Info: Tourist-Information Cham, Propsteistraße 46, D-93413 Cham, Tel. 09971-85 79 33, Fax 09971-79 842.

▶ DEGGENDORF

Höhe: 305 m   *Karte: D 5/6*
Einwohner: 31 000

Die Kreisstadt Deggendorf mit ihrer mittelalterlichen Altstadt liegt am Südfuß des Bayerischen Walds.

Geschichte: Die im 8. Jh. unter dem Namen »Urvar« (Ufer) erstmals erwähnte älteste Siedlung lag im Bereich der spätromanischen **Basilika Mariä Himmelfahrt** am **Geiersberg** an einem alten Donauübergang. Zwischen Geiersberg und Bogenbach ließen die Babenberger um 1002 die heutige »Altstadt« anlegen, der Wittelsbacher Herzog Otto II. ließ um 1250 auf einer hochwassersicheren Terrasse die »Neustadt« erbauen und befestigen.

Stadtbild: Mit den mittelalterlichen Stadtmauern, dem Straßenmarkt, dem Wehrgang und dem Rathaus (1535) weisen Alt- und Neustadt eines der **schönsten Altstadtbilder** im Bereich des Bayerischen Walds auf. Stadtbildprägend ist ferner die 1360 geweihte Wallfahrtskirche zum Heiligen Grab, deren in den Straßenmarkt vorgeschobener Glockenturm (1722–28) zu den markantesten Barocktürmen Bayerns gezählt wird. Eine weitere Wallfahrtskirche ist die gotische Kirche Zur Schmerzhaften Muttergottes (1486) auf dem Geiersberg.

Natternberg: Der als **Naturschutzgebiet** ausgewiesene Natternberg ist ein aus Gneisen aufgebauter Zeugenberg im Mündungswinkel von Isar und Donau gegenüber von Deggendorf. Mehr als 60 m überragt der steile Kegel die Überschwemmungs- und Auenlandschaft zwischen den Flüssen, sein Gipfelplateau bietet eine hervorragende Aussicht auf die Höhen des Bayerischen Walds und auf die weite Gäubodenlandschaft des Dungaus. Mutmaßlich wurde der Berg schon in keltischer und römischer Zeit als Aussichtswarte genutzt, 1145 wird er erstmals als Edelsitz eines Angehörigen der Grafen von → **Bogen** erwähnt; die Burg fiel 1242 an die Herzöge von Bayern, ihre Reste wurden 1985–87 saniert.

In den Sagen ist der Natternberg der Sitz eines Schlangenkönigspaars: Wenn das hohe Paar auf den warmen Steinen des Felsbergs der Ruhe pflegte, legte es die Kronen ab, und gierige Menschen raubten die kostbaren Geschmeide – vergebens, denn das hohe Schlangenpaar verfolgte die Räuber, drang selbst durch Ritzen in ihre Häuser ein und holte das kostbare Gut zurück. Ein weiterer Sagenstrang weiß, dass im Natternberg – wie im Kyffhäuser – ein alter König sitzt, der darauf wartet, dass sich die Zeiten ändern und er aus dem Berg treten und das glanzvolle alte Reich erneuern kann. Dieser König im Berg wurde auch als Schreckgestalt Kindern gegenüber benutzt mit der Drohung: »Wennst net brav bist, kimmst zum Kini.« Die Sage wird heute mit dem »Märchenkönig« Ludwig II. verknüpft.

Tourist-Info: Kur- und Verkehrsamt Deggendorf, D-94469 Deggendorf, Tel. 0991-29 60 169, Fax 0991-31 586, Internet: http://www.btl.de/orte/deggendo.

▶ DONAUSTAUF

Höhe: 324 m	*Karte: A 4/5*
Einwohner: 3900	

Der Marktort Donaustauf liegt an einem alten Donauübergang am Fuß der Westausläufer des Bayerischen Walds bei Regensburg; er ist Teil einer im 19. Jh. errichteten Denkmallandschaft, deren berühmtester Bau die klassizistische Tempelanlage der Walhalla ist.

Walhalla: 1842 wurde die Walhalla mit einer prozessionsartig über die Freiterrassen des Tempels heraufgezogenen Festinszenierung als nationale deutsche **Ruhmeshalle** eröffnet: Mehr als 120 Marmorbüsten repräsentieren die bedeutendsten deutschen Persönlichkeiten (darunter Kant, Geothe, Herder, Schiller) in »Valhall«, dem germanischen Pendant zum griechischen Olymp. Leo von Klenze errichtete den klassizistischen Prunkbau 1830-42 nach dem Vorbild des Athener Parthenon-Tempels im Auftrag des bayerischen Königs Ludwig I.; es war der erste der zahlreichen »nationalen« Monumentalbauten des 19. Jahrhunderts. Die im bewaldeten Hang über dem Donautal mit weitem Ausblick auf die Ebene errichtete Walhalla war gedacht als Teil eines Landschafts- und Denkmalensembles, zu dem die ro-

manische **Burgruine Donaustauf** auf einem Granitkegel weiter flussaufwärts, die gotische Chorturmkirche Sankt Michael im Hang des Burgbergs und die nach 1389 errichtete Wallfahrtskirche **Sankt Salvator** (mit bedeutenden spätgotischen Wandmalereien) zwischen dem Burgberg und der Walhalla sowie die Donau als »deutscher Hauptstrom« zählen; hinzu kommen die von der Walhalla aus sichtbaren Domtürme von Regensburg, der bayerischen Metropo-

Die Walhalla. le des Mittelalters, und die Marktsiedlung Donaustauf mit der 1367 erstmals erwähnten Donaubrücke. Die Idee zur Errichtung einer deutschen Ruhmeshalle hatte Kronprinz Ludwig 1807 nach der Niederlage Preußens gegen Napoleon.

Die Auswahl der Persönlichkeiten wurde mit dem Schweizer Historiker Johannes von Müller abgesprochen, der auch den Namen »Walhalla« prägte. Zu den bekanntesten Büsten zählt die des Philosophen Imanuel Kant (1808) von Gottfried Schadow, der weitere 13 Büsten gestaltete, darunter die des Dichters Christoph Martin Wieland. 24 Büsten, darunter die Goethe- (1808) und die Herder-Büste (1815), stammen von Christian Friedrich Tieck. Johann Heinrich von Dannecker ist mit seiner berühmten, »nach dem Leben« gestalteten Schiller-Büste (1794) vertreten. Die Parade ruhmvoller Männer wird durch die in Stettin geborene »deutsche« Kaiserin Katharina von Russland und durch Landgräfin Amalia von Hessen-Kassel ergänzt. Der aus Südböhmen stammende Bildhauer Herbert Hajek modellierte die Büste des Böhmerwalddichters Adalbert Stifter (1954).

Tourist-Info: Gemeindeverwaltung Donaustauf, Wörther Straße 5, D-93093 Donaustauf, Tel. 09403-95 02 13, Fax 09403-95 02 30.

▶ DREISESSELBERG

Höhe: 1333 m

Karte: F 5/6
Wanderung 4

Der aussichtsreiche Dreisesselberg mit seinen Bergfichtenwäldern und bizarren Granitfelsen erhebt sich auf dem südlichen Böhmerwaldkamm auf einer uralten Grenzmarke; bis ins 18. Jh. bildete er das Dreiländereck von Böhmen, Österreich und Passau. 1767 erwarb der Passauer Fürstbischof Leopold Ernst Graf von Firmian für 350 000 Gulden die österreichische Herrschaft Rannariedl mit dem Pflegegericht Jandelsbrunn und den Dreisesselwäldern, wodurch das Dreiländereck 3,5 km weiter nach Südosten zur heutigen »Dreieckmark« verschoben wurde; heute verläuft über den Dreisesselberg die deutsch-tschechische Grenze.

Name: Benannt ist der Dreisesselberg nach sitzschalenartigen Vertiefungen auf dem **Dreisesselfels**, einem aus drei wollsackverwitterten Granittürmen bestehenden Felsensemble, das zu den herausragenden Panoramapunkten des Bayerischen und Böhmerwalds zählt, der Blick schweift zu Haidel, → **Lusen**, → **Rachel** und → **Arber** usw. so-

Die Sage vom Dreisesselberg

In der Erzählung »Der Hochwald« (1844) lässt Adalbert Stifter den alten Gregor die Sage vom Dreisesselberg und vom Plöckensteinsee erzählen und reflektiert den Sinn solcher Geschichten: »Gregor fuhr fort: ›Ich war damals ein Bube, und meine Großmutter wusste solche Geschichten. Da steht auch ein Berg [Dreisesselberg] drei Stunden von hier. – In der uralten Heidenzeit saßen auf ihm einmal drei Könige und bestimmten die Grenzen der drei Lande: Böheim, Bayern und Österreich – es waren drei Sessel in den Felsen gehauen, und jeder saß in seinem eigenen Lande. Sie hatten vieles Gefolge, und man ergötzte sich mit der Jagd, da geschah es, dass drei Männer zu dem See [Plöckensteinsee] gerieten, und im Mutwill versuchten, Fische zu fangen, und siehe, Forellen, rot um den Mund und gefleckt wie mit glühenden Funken, drängten sich an ihre Hände, dass sie deren eine Menge ans Land warfen. Wie es nun Zwielicht wurde, machten sie Feuer, taten die Fische in zwei Pfannen mit Wasser, und stellten sie über. Und wie die Männer so herumlagen, und wie der Mond aufgegangen war, und eine schöne Nacht entstand, so wurde das Wasser in den Pfannen heißer und heißer und brodelte und sott und die Fische wurden darinnen nicht tot, sondern lustiger und lustiger – und auf einmal entstand ein Sausen und ein Brausen in den Bäumen, dass sie meinten, der Wald falle zusammen, und der See rauschte, als wäre Wind auf ihm, und doch rührte sich kein Zweig und keine Welle, und am Himmel stand keine Wolke, und unter dem See ging es wie murmelnde Stimmen: es sind nicht alle zu Hause – zu Hause ... Da kam den Männern eine Furcht an, und sie warfen alle die Fische ins Wasser. Im Augenblicke war Stille, und der Mond stand recht schön an dem Himmel. Sie aber blieben die ganze Nacht auf einem Stein sitzen, und sprachen nichts, denn sie fürchteten sich sehr, und als es Tag geworden, gingen sie eilig von dannen und berichteten alles den Königen, die sofort abzogen und den Wald verwünschten, dass er eine Einöde bleibe auf ewige Zeiten. [...]‹«

wie westwärts zum Brotjacklriegel und nach Süden bis zu den Alpen. »Du musst aber oben sorgsam sein, dass dein Haupt nicht irre wird«, warnt die junge Bertha ihren künftigen Mann Witiko in Stifters gleichnamigem Roman, »denn du stehst in der Luft über allen Wipfeln.« Heute ist der Dreisesselfels auf einer Stufenanlage ersteigbar, sein Gipfel ist geländergesichert, und wer die drei Sessel sucht, wird mindestens sechs davon finden. Die Legende weiß, dass auf den drei

Eine Panorama-Orientierungstafel erläutert auf dem Hochstein die Rundschau.

Sesseln die Heiligen Drei Könige gesessen seien, der meistverbreitete Sagenstrang deutet die Schalen historisierend als Sitze der Könige von Bayern, Böhmen und Österreich, wieder andere Sagen berichten von drei Schwestern oder Jungfrauen, die hier eine Burg und unermessliche Schätze hatten und in die drei Felstürme verwandelt worden bzw. im → **Plöckensteinsee** versunken sein sollen: »Die betrügerischen Schwestern, das Schloss und das Geld sind im tiefen Zaubersee versunken. Zu heiligen Zeiten steigen die Schwestern aus der Tiefe und sitzen auf dem Dreisesselfelsen.«

Hochstein: Ein weiterer faszinierender Panoramafelsen und die höchste Erhebung des Dreisesselbergs ist der Hochstein (1333 m). Der ausgeschilderte Zehn-Minuten-Abstecher beginnt beim Berggasthaus und führt im Hochwald an bizarren Felsformationen vorbei zur **Johann-Nepomuk-Neumann-Kapelle**, die 1980 als Ersatz für die während des kommunistischen Regimes verwahrloste → **Stožec-Kapelle** in Böhmen errichtet wurde. Neben der Kapelle beginnt der Aufstieg zum geländergesicherten Hochstein, der ebenso wie der Dreisesselfels schalenartige Vertiefungen aufweist. Die Aussicht beim Gipfelkreuz ist noch umfassender als vom Dreisesselfels, weit schweift der Blick über den Bayerischen Wald und nach Böhmen hinein; Orientierungstafeln benennen die Punkte im Blickfeld.

▶ FALKENSTEIN IM VORWALD

Höhe: 500–626 m	Karte: B 4
Einwohner: 3160	

Der für seine Aussicht und seine malerischen Felsformationen berühmte Burgberg von Falkenstein ist eine der höchsten Erhebungen und Namensgeber des kuppenreichen Falkensteiner Vorwalds,

Tipp

Rad- und Wanderweg nach Regensburg: Der bei Schneelage auch als Loipe nutztbare Rad- und Wanderweg zwischen Falkenstein und Regensburg folgt auf knapp 40 km Länge der Trasse der 1984 stillgelegten Eisenbahnlinie Regensburg – Falkenstein, einer Lokalbahn (»Falkensteiner Bockerl«), die 1913 eröffnet worden war. Der vorbildliche Radwegebau dauerte bis 1992. Neben Regenschutz-Pavillons, Sitzbänken, Picknickeinrichtungen, Autosperrgittern an kreuzenden Straßen und zahlreichen Gasthäusern längs des Wegs finden sich viele Einrichtungen, die die Erinnerung an das alte Bockerl wach halten: Prellböcke, Bahnhöfe, Rangiergleise zur Holzverladung, Kilometersteine, Brücken und Unterführungen, aus dem Bahnhof Hauzendorf ist ein »Radl-Bahnhof« geworden, bei Lambertsneukirchen wurde ein Eisenbahnmuseumspark eingerichtet.

des westlichsten Ausläufers des Bayerischen Walds. Die Verwitterungsformen im Granit dieses isoliert aufragenden Bergkegels, dessen Gipfel eine Burgruine aus dem 11. Jh. trägt, sind derart außergewöhnlich, dass das Gebiet unter Naturschutz steht und als Natur- und Felspark der Öffentlichkeit zugänglich ist.

Burg Falkenstein: Weithin sichtbar thront auf dem laubwaldgeschmückten Bergkegel Burg Falkenstein mit dem im Kern romanischen dreigeschossigen Bergfried, dessen zinnenbekränzte Aussichtsplattform ein hervorragendes Panorama gewährt. Errichtet wurde die Burg im 11. Jh. als Besitz des Regensburger Hochstifts, im 17. Jh. wurde sie umgebaut und im

Tipp

Die mit fantasievollen Namen bedachten Felsen und Felsgruppen im **Natur- und Felspark** unterhalb der Burg Falkenstein sind durch eine Vielzahl von Wegen und Steigen, Leitern und Brücken miteinander verbunden. Zu den markantesten Erscheinungen zählen die zahlreichen Schalensteine, die von der Wissenschaft als Ergebnisse natürlicher Verwitterung und von der Sage als menschengeschaffene heidnische Opfersteine gedeutet werden.

19. Jh. zum Teil abgetragen; seit 1967 befindet sie sich im Besitz der Marktgemeinde Falkenstein, die die Ruinen sanieren ließ und ein **Haus des Gastes** sowie ein **Jagdmuseum** einrichtete. Der Name **Weiberwehr** für den dem Bergfried vorgelagerten Zwinger erinnert an die Mithilfe der Falkensteiner Frauen bei der Abwehr der Hussiten 1429.

Tourist-Info: Tourismusbüro Falkenstein, Marktplatz 1, D-93167 Falkenstein, Tel. 09462-244, Fax 09462-53 10.

▶ # FRAUENAU

Höhe: 580 m	Karte: D 4/5
Einwohner: 3400	Wanderung:

Der **Erholungsort** Frauenau liegt im Zwieseler Winkel am Westfuß des Rachelmassivs am Nationalpark Bayerischer Wald. Geprägt wird er vom Fremdenverkehr und der Glasindustrie (**Glasmuseum**, Glas-

Zu den Veranstaltungshöhepunkten zählen das **Maskenfest in der »Raunacht«** am Faschingssamstag (größtes Maskenfest im Bayerischen Wald) sowie die **Auerer Kirchweih** von Samstag bis Montag nach Mariä Himmelfahrt.

hütten). Ab dem 15. Jh. bestand eine Glashütte, die 1605 an die Familie Poschinger kam; die Poschingers mit Stammsitz in Frauenau (Schloss in Oberfrauenau) hatten große Bedeutung für die Entwicklung der Glasindustrie im Bayerischen Wald.

Kirche Mariä Himmelfahrt: Im Inneren der Pfarrkirche Mariä Himmelfahrt (Neubau 1756-59) erwartet den Besucher eine reiche Rokokoausstattung. Die Fresken von Franz Anton Rauscher (1759) illustrieren die Himmelfahrt Mariä und die einstige Marienwallfahrt, mit der die Geschichte von »Frauen Au« begann. Nach der Gründung von Sankt Hermann bei → **Bischofsmais** ließ sich der Einsiedler Hermann von Heidelberg 1322 auf dem damals noch unbesiedelten Platz »Unser Frauen Au« nieder, errichtete eine klösterliche Zelle und starb hier 1326 im Ruf der Heiligkeit. Die »Frauen Au« entwickelte sich zu einem regen **Wallfahrtsort**.

Tourist-Info: Tourist-Information Frauenau, Hauptstraße 12, D-94258 Frauenau, Tel. 09926-710, Fax 09926-17 99.

▶ FREYUNG

Höhe: 655 m	Karte: E 5/6
Einwohner: 7400	Wanderung 12

Der **Luftkurort und Wintersportplatz** Freyung, die Kreisstadt des Landkreises Freyung-Grafenau, liegt im Süden des Nationalparks Bayerischer Wald, wo Sauß- und Reschbach in der Buchberger Leite eine der eindrucksvollsten **Wildwasserschluchten** des Bayerischen Walds geschaffen haben.

Geschichte: Der Ort wurde um 1300 in der Nähe der älteren Burg Wolfstein als Rodungsdorf am Goldenen Steig, der Salzhandelsstraße von Passau nach Böhmen, angelegt und »die Freyung« genannt, wahrscheinlich, weil die Siedler hier »frei« waren, d. h. dem Passauer Bischof nicht so viele Abgaben entrichten mussten. 1354 erhielt die Freyung durch den Passauer Bischof das Marktrecht.

Ortsbild: 1872 vernichtete ein Großbrand das alte Ortsbild einschließlich der Pfarrkirche Mariä Himmelfahrt (Neubau mit Spitzhelm 1875-77). Im ältesten erhaltenen Haus, dem Schramlhaus – dem im Kern aus dem 18. Jh. stammenden stattlichen Haupthaus einer Bauernhof-Vierseitanlage –, ist das Heimatmuseum untergebracht.

Schloss Wolfstein: Auf einem vom Saußbach umflossenen Bergsporn thront nördlich von Freyung Schloss Wolfstein, gegründet um 1200 durch den Passauer Bischof Wolfker als Wehrburg zum Schutz der Reisenden auf dem Goldenen Steig. Nach dieser Burg erhielt das Gebiet um die Freyung den Namen »Wolfsteiner Land«, bis zur Verwaltungsreform 1972 war Freyung Kreisstadt des Landkreises Wolfstein, dann wurde der heutige Landkreis Freyung-Grafenau geschaffen.

Im ausgehenden 16. Jh. wandelte Bischof Urban Burg Wolfstein in ein Schloss um, in dem heute das **Jagd- und Fischereimuseum** sowie die **Galerie Wolfstein** untergebracht sind.

Kreuzberg: Der aussichtsreiche, wiesenbedeckte Gneiskegel des Kreuzbergs zwischen Resch- und Saußbach oberhalb von Freyung war bis zum Aufkommen der Passauer Mariahilf-Wallfahrt (1622) Wallfahrtsmittelpunkt des Bistums Passau, die Bründl-Quelle am Nordrand des Gipfeldorfs stand im Ruf, sehend zu machen. Das Radial-Waldhufendorf auf der Gipfelkuppe mit dem Spitzhelm der Sankt-Anna-Kirche und den die Hänge hinabgezogenen Feldhufen zählt zu den bedeutendsten Landdenkmälern der Rodungstätigkeit im Bayerischen Wald, auch wenn die Bebauung überwiegend aus dem 19. Jh. stammt.

Tourist-Info: Touristinformation/Kurverwaltung Freyung, Kurhaus, D-94075 Freyung, Tel. 08551-58 850, Fax 08551-58 855.

▶ FURTH IM WALD

Höhe: 407 m	Karte: O 3
Einwohner: 9600	

Die Stadt Furth im Wald liegt in der Cham-Further Senke auf einem Hügel über dem Chambtal an der deutsch-tschechischen Grenze. Die weite Cham-Further Senke zwischen Böhmer- und Oberpfälzer Wald fungiert seit Urzeiten als Verkehrsweg nach Böhmen (Regensburg – Cham – Plzeň). Alljährlich im August ist Furth Schauplatz eines der ältesten deutschen Volksschauspiele: des Drachenstichs.

Geschichte: Furth wurde ab dem 14. Jh. zur bayerischen Grenzfestung ausgebaut. Wegen der Zerstörungen in zahlreichen Grenzkriegen sind kaum Gebäude aus der Zeit vor dem 19. Jh. erhalten. Nach dem Bau der Eisenbahnlinie Regensburg–Prag 1861 erfolgte der wirtschaftliche Aufschwung. Neben dem Fremdenverkehr dominieren heute Glas-, Textil-, Maschinen-, Holz- und Lederindustrie.

Der **Further Drachenstich** ist eines der ältesten erhaltenen religiös-mythischen Volksschauspiele Deutschlands: Ein strahlender Ritter »(er-)sticht« einen Feuer speienden Drachen und befreit die Menschen vom Bösen – Kirchenglocken läuten den Sieg. Dieser Kampf nimmt Elemente der biblischen Apokalypse auf (Gegner ist dort »der große Drache, die alte Schlange, die Teufel oder Satan heißt und die ganze Welt verführt«), doch steht der Ritter in der Tradition des Drachentöters Georg, nicht in der Tradition des Erzengels Michael, der den Drachen nicht tötet, sondern in Schach hält. Das Volksschauspiel wurde bis ins 19. Jh. am Ende der Fronleichnamsprozession aufgeführt. Als es jedoch immer mehr Schaulustige anzog und die weltliche »Gaudi« zunehmend den religiösen Hintergrund überdeckte, wurde es 1878 vom Fronleichnamsfest abgekoppelt und auf die beiden letzten **August-**Wochenenden verlegt. 1952 verfasste der aus Taufkirchen stammende Bestsellerautor Josef Martin Bauer (»So weit die Füße tragen«) das bis heute aktuelle Script und verlegte die Handlung in die Zeit der Hussitenkriege zu Beginn des 15. Jh.

Auch der Drache hat viele Wandlungen durchgemacht: vom Siegfried-Drachen des Münchner Hoftheaters zum VW-Motor-getriebenen Ungetüm mit Tonbandgebrüll und zum heute elektronisch gesteuerten 4x20-Meter-Monstrum, das umgeben von mehr als 1400 Kostümierten »gestochen« wird. Geblieben sind die **Volksfeststimmung** und der in allen Gassen erschallende Ruf: »Der Drach´ ist los.«

Stadtbild: Als Wahrzeichen von Furth gilt der neugotische **Stadtturm** (1864-66) mit der Drachenhalle am Schlossplatz, wo im Mittelalter das herzogliche Pflegschloss stand. Die 1765 geweihte Stadtpfarrkirche Mariä Himmelfahrt wurde in den 1890er Jahren umgebaut. Jugendstileinflüsse weist die Ausstattung der evangelischen Kirche (1903) auf. Die Heilig-Kreuz-Kirche (1781ff.) war bis ins 19. Jh. Ziel der Wallfahrt zum »göttlichen Heiland auf der Rast«.

Tourist-Info: Tourist-Info Furth im Wald, Schlossplatz 1, D-93437 Furth im Wald, Tel. 09973-80 10 80, Fax 09973-80 10 81.

▶ GOTTESZELL

Höhe: 600 m	Karte: C 5
Einwohner: 1300	

Die Gemeinde Gotteszell bei Regen wurde 1286 als Zisterziensersiedlung gegründet und 1320 zur Abtei erhoben; bis zur Säkularisation 1803 war Gotteszell eines der Kulturzentren des Vorderen Walds. Von dieser Glanzzeit zeugt die **ehemalige Abteikirche**, die heutige Pfarrkirche Sankt Anna (Gnadenbild); ihr barockes Aussehen erhielt sie im Wesentlichen im 18. Jh.; **Cosmas Damian Asam** werden die Fresken (um 1729) in der Hauptapsis zugeschrieben: Im illusionistischen Bühnenraum einer Triumpharchitektur zeigen sie die Himmelfahrt Mariä.

Tourist-Info: Verkehrsamt Gotteszell, Annabergstraße 1, D-94239 Gotteszell, Tel. 09929-90 20 00, Fax 09929-13 46.

HAIDSTEIN MIT WOLFRAMSLINDE

Höhe: 743 m   *Karte: C 3/4*

Auf dem Haidstein, einem **aussichtsreichen Bergkegel** zwischen den Tälern von Weißem Regen und Chamb, schrieb der mittelhochdeutsche Dichter Wolfram von Eschenbach um 1200 das achte Buch seines höfischen Epos »Parzival«. Damals stand hier »Hätzigstain, ein schloss im wald bey Chamb«. Der höfische Epiker genoss die Gastfreundschaft der Markgräfin Elisabeth von Cham-Vohburg, deren Mann Berthold II. Burgherr war. Die angeblich tausendjährige **Wolframslinde** in dem Weiler Ried am Wanderweg von → **Kötzting** auf den Haidstein erinnert an den Aufenthalt des Dichters, die Burg jedoch ist verschwunden: 1467/68 wurde sie auf Befehl des bayerischen Herzogs Albrecht IV. als Raubritternest zerstört. An der Stelle der damals geschleiften Burg steht heute die Wallfahrtskirche **Sankt Ulrich** (1657/1719); ihr ältestes Ausstattungsstück ist ein Kruzifixus (um 1200) aus der Zeit, als Wolfram von Eschenbach hier dichtete.
Tourist-Info: Tourismusbüro Chamerau, Schulstraße 4, D-93466 Chamerau, Tel. 09944-34 17 30, Fax 09944-34 17 35.

HENGERSBERG

Höhe: 320 m   *Karte: D 5/6*
Einwohner: 6900

Markt Hengersberg am Fuß des Bayerischen Walds an der Ausmündung des Lallinger Tals in die Donau war als Klostermarkt und Zollstätte ab 1009 einer der wichtigsten Wirtschaftsstandorte des Benediktinerklosters → **Niederaltaich**, das von hier aus große Teile des Bayerischen Walds kolonialisierte und christianisierte. Heute liegt Hengersberg im Landkreis Deggendorf.
Ortsbild: Überragt wird der Marktort von der weithin sichtbaren Kulisse zweier markant in die Niederung vorspringender, kirchenbekrönter Bergrücken: Der aussichtsreiche **Frauenberg** trägt die spätgotische, im 18. Jh. veränderte Kirche Mariä Himmelfahrt, auf dem **Rohrberg** thront die um 1590 erbaute stattliche Pfarrkirche Sankt Michael. An der Stelle beider Kirchen befanden sich vorher Burgen. Frauen- und Rohrberg sind zwei der neun aussichtsreichen Zeugenberge längs der Donau zwischen Deggendorf und Vilshofen (vgl. → **Bogenberg**, Natternberg bei → **Deggendorf**, → **Hilgartsberg** bei Hofkirchen).

Geschichte: Erstmals erwähnt wird Hengersberg 1009 in einer Urkunde des römischen Königs und bayerischen Herzogs Heinrichs des Heiligen, der Abt Godehard von Niederaltaich hier die Abhaltung eines Markts und die Errichtung eines Zollhauses erlaubte. Zum Schutz ließ der Abt auf dem Frauenberg eine Burg errichten. In der Folgezeit wurde der verkehrsgünstig gelegene Klostermarkt zur Logistikbasis für die Erschließung des Bayerischen Walds ausgebaut. Während der Frauenberg und der Marktort dem Klosterstaat gehörten, saß auf dem gegenüberliegenden Rohrberg ein Ministeriale der Grafen von Bogen: Altmann von Hengersberg soll ein übler Raubritter gewesen sein, doch bevor er starb, wurde er fromm und vermachte seine Burg 1212 dem Kloster, das wenig später an Stelle der Burg die Michaelskirche errichten ließen.

Tourist-Info: Verkehrsamt Hengersberg, Mimmingerstraße 2, D-94488 Hengersberg, Tel. 09901-940 70, Fax 09901-930 740.

HILGARTSBERG

Höhe: 450 m	*Karte: D 6*

70 m entragt der Hilgartsberg steil dem Donautal bei Hofkirchen. Sein Gipfel trägt die imposante Ruine einer im Kern romanischen Burg, von der sich ein prachtvoller Ausblick zum Bayerischen Wald sowie auf das Donautal mit der **Insel Wörth** und auf das fruchtbare Schwemmland und Lößgebiet zwischen den Mündungswinkeln von Isar, Donau und Vils bietet. Unterhalb der Burg beginnt der **Kachlet**, eine einst gefürchtete felsige Flussenge mit zahlreichen Felsinseln; seit der Fluss durch das 1922–27 errichtete Kachletwerk bei Passau gestaut wird, sind die meisten Inseln geflutet, Wörth unterhalb des Hilgartsbergs ist eine der letzten überschwemmungsfreien.

Geschichte: 1010 übergab der römische König und bayerische Herzog Heinrich der Heilige den Hilgartsberg dem Hochstift Bamberg, ab dem 13. Jh. wechselten mehrfach die Besitzer. Die ältesten Teile der spitzwinkeligen Dreieckanlage der Burg stammen aus der Romanik, die stattlichen Mauerreste der Wohnbauten des Burghofs wurden in der Gotik und der Renaissance errichtet. Während des Österreichischen Erbfolgekriegs wurde die Burg 1742 gesprengt, Sicherungsarbeiten begannen in der Mitte des 19. Jh.

Tourist-Info: Tourismusbüro Hofkirchen, Rathausstraße 1, D-94544 Hofkirchen, Tel. 08545-14 05, Fax 08545-15 65.

▶ HORNÍ PLANÁ [OBERPLAN]

Höhe: 725 m	*Karte: G 5/6*
Einwohner: ca. 2 000	*Wanderung 2*

Der Ferienort Horní Planá, Geburtsort des Schriftstellers Adalbert Stifter, liegt im südlichen Böhmerwald am Moldaustausee → **Vodní Nádrž Lipno**. Im Sommer verkehrt zwischen Horní Planá und dem Südufer des Stausees eine Autofähre, Ausflugsschiffe pendeln zwischen Horní Planá, Černá v Pošumaví [Schwarzberg], Frymburk [Friedburg], Lipno [Lippen] und Přední Výtoň [Vorder Heuraffl].

Stifter-Geburtshaus: Am östlichen Ortsausgang an der Straße Richtung Černá v Pošumaví (Haus Nr. 21) steht das Haus, in dem Albert Stifter (später: Adalbert) am 23. Oktober 1805 als ältestes von sechs Kindern des Leinewebers und -händlers Johann Stifter und dessen Ehefrau Magdalena geboren wurde. Es ist als **Museum** mit Originalmöbeln eingerichtet. Am Museum beginnt der 6,5 km lange **Stifterweg** mit Informationstafeln zum Leben des Dichters, dessen bekannteste Böhmerwalderzählung »Der Hochwald« in den Wäldern des von Horní Planá aus sichtbaren → **Plöckensteins** spielt; Witiko, die Titelfigur seines gleichnamigen historischen Böhmen-Romans, wohnt mehrere Jahre lang auf dem »Oberen Plan«. Die Umgebung wird in beiden Werken beschrieben.

Tourist-Info: TiFo, Am Markt, CZ–Horní Planá, Tel. 0337-97 124.

▶ ILZLEITEN

Höhe: 400 m	*Karte: E 6*

Die Ilzleiten im südlichen Bayerischen Wald zwischen Perlesreut, Tittling und Fürsteneck östlich des → **Dreiburgenlands** sind ein schluchtartig eingeschnittener Wildwasserabschnitt des am → **Rachel** entspringenden und in → **Passau** in die Donau mündenden Flusses; wegen ihrer landschaftlichen Schönheit und als Rückzugsgebiet für gefährdete Pflanzen- und Tierarten stehen sie weitflächig unter **Naturschutz**.

Wandern: Wandertouristisch erschlossen sind die Ilzleiten durch den **Panduren- und den Ilztalwanderweg**, in den man unter anderem an der **Aumühle** unterhalb der Burganlage **Fürsteneck** einsteigen kann. Von hier führt der Weg am Ufer entlang aufwärts zur **Schrottenbaummühle**, der folgende Talabschnitt zwischen Schrottenbaum- und

Schneidermühle kann wegen der schönen Landschaft als der romantischste empfunden werden, die Talhänge richten sich zu Flanken und Wänden auf, der Weg führt durch reich ge-

> **Tipp**
> Unter Kanu- und Kajakfahrern besonders bekannt ist die nach Burg Dießenstein benannte **Dießensteiner Leite**, in der alljährlich im April eine bedeutende **Wildwasserregatta** durchgeführt wird.

stufte Wälder, Paddelboote gleiten vorbei, am Fluss stehen Fischer.

Tourist-Info: Touristinformation Perlesreut, Unterer Markt 3, D-94157 Perlesreut, Tel. 08555-96 19 10, Fax 08555-96 19 40. Touristinformation Tittling, Marktplatz 10, D-94104 Tittling, Tel. 08504-40 114, Fax 08504-40 120.

▶ KAŠPERSKÉ HORY [BERGREICHENSTEIN]

Höhe: 739 m	Karte: E/F 4
Einwohner: 1700	Wanderungen 9, 10, 16, 17

Die ehemalige Goldbergbaustadt Bergreichenstein unterhalb der weithin sichtbaren Burg Karlsberg ist das **Ferien- und Wintersportzentrum** des mittleren Böhmerwalds. Aufgrund ihrer reichen Goldgruben wurde sie 1584 zur königlichen Bergstadt mit eigenem Wappen erhoben, wenig später, im Dreißigjährigen Krieg, endete der »Goldrausch«, 1777 wurde der Golderzabbau ganz aufgegeben.

Stadtbild: Vom ehemaligen Reichtum der Stadt zeugen am Markt das **Renaissance-Rathaus** (1597) und die gotische Pfarrkirche **Sankt Margaretha** (14. Jh.), an deren Außenwand Mühlsteine angebracht sind, die zum Zermahlen von goldhaltigen Erzen verwendet wurden. Die gotische Friedhofsirche **Sankt Nikolaus** (14. Jh.) westlich der Stadt war ursprünglich die Goldbergarbeiterkirche.

Burg Karlsberg [Kašperk]: Die gotische Burg Karlsberg mit von zwei Türmen flankiertem Palas wurde 1356–61 zum Schutz der Goldgruben errichtet; sie ist ein charakteristisches Festungsbauwerk aus der Zeit des böhmischen Königs und römischen Kaisers Karl IV. Die im 19. Jh. teilweise restaurierte höchstgelegene Burg Böhmens beherbergt ein **Museum** zur Geschichte der Burg und bietet eine hervorragende Aussicht. Zu erreichen ist sie unter anderem auf einem ausgeschilderten Wanderweg, der am Marktplatz der Ortschaft beginnt.

> **Tipp**
> Am Marktplatz von Bergreichenstein befindet sich das **Böhmerwaldmuseum** [Muzeum Šumavy]. Es enthält eine reiche Sammlung von böhmischem Glas und informiert über Natur und Geschichte des Böhmerwalds einschließlich des Glashüttenwesens.

▶ KLATOVY [KLATTAU]

Höhe: 409 m	Karte: D/E 2/3
Einwohner: 23 300	

Die Nelkenstadt Klattau ist das nördliche Einfallstor zum Böhmerwald; die spätmittelalterliche Altstadt ist denkmalgeschützt, die Barockapotheke »Zum weißen Einhorn« steht als Weltkulturerbe unter dem Schutz der Unesco.

Geschichte: Der »goldene König« Přemysl Otakar II. gründete Klattau um 1260 als Königsstadt. Während der Hussitenkriege in den 1420er Jahren gehörte sie zum hussitischen Taboriten-Verband. 1547 soll sie eine der sieben reichsten Städte Böhmens gewesen sein. Ab dem Dreißigjährigen Krieg wurde auch durch bauliche Veränderungen eine umfassende Rekatholisierung durchgeführt. 1836 begann der Anbau von Nelken aus Nancy, der sich zu einem wichtigen Wirtschaftszweig entwickelte. Bis heute wird alljährlich eine berühmte Nelkenausstellung durchgeführt.

Stadtbild: Der schachbrettförmige Grundriss der mittelalterlichen Altstadt mit ihren gotischen Häusern, die zur Zeit der Renaissance und des Barock umgestaltet wurden, und den Befestigungsanlagen aus dem 14./15. Jh. ist weitgehend erhalten. Den besten Überblick gewährt die Aussichtsgalerie auf dem 81 m hohen spätgotischen **Schwarzen Turm** [Černá Věž] (1547–57), dem am Marktplatz aufragenden Wahrzeichen der Stadt. Flankiert wird der Turm, der früher als Wachturm, Gefängnis und Folterkeller diente, vom ursprünglich 1559 errichteten, 1925 im Neorenaissancestil umgestalteten **Rathaus** und dem heute als Ladenpassage genutzten ehemaligen Ordenssitz (1675–1717) der Jesuiten. Weiterer Prachtbau am Marktplatz ist die barocke ehemalige **Jesuitenkirche** (1654–75), deren Portal nach einem Brand 1717 von Kilian Dientzenhofer erneuert wurde; die **Katakomben** der Jesuitenkirche dienten 1676–1783 als Grablege und gelten mit ihren mumifizierten Leichen als besondere Sehenswürdigkeit. Die barocke **Jesuitenapotheke** »Zum weißen Einhorn« (1639) mit ihrem barocken Mobiliar beherbergt ein Apothekenmuseum. Weiter östlich erhebt sich als Pendant zum Schwarzen Turm der frei stehende **Weiße Turm** [Bíla Věž] (1581, 1758 erhöht und barockisiert), der Glockenturm der gotischen Pfarrkirche Mariä Geburt (14./15. Jh.)

Tourist-Info: Čedok, Náměstí Míru 170/1, CZ-33901 Klatovy, Tel. 0186-22 162.

▶ KÖTZTING

Höhe: 396 m	*Karte: C 4*
Einwohner: 7 300	*Wanderung 25*

Die Stadt Kötzting, Kneippkurort im Tal des Weißen Regen am Fuß des Kaitersbergs, ist weit über die Grenzen des Bayerischen Walds hinaus bekannt durch den Kötztinger Pfingstritt, eine seit 1412 nachweisbare Bittprozession zu Pferd.

Tipp

Ziel des sehenswerten, alljährlich am Pfingstmontag um 8 Uhr beginnenden **Kötztinger Pfingstritts**, an dem in festlichem Schmuck mehrere hundert Männer teilnehmen, ist die »Pfingstreiterkirche« Sankt Nikolaus in Steinbühl am Kaitersberg unterhalb des Mittagsteins. Nach der Pfingstreitermesse und dem Umritt durch die Fluren findet die in einem uralten Fruchtbarkeitsritual wurzelnde »Pfingsthochzeit« statt: Der mitreitende Pfarrer wählt die »Pfingstbraut« und den »Tugendbräutigam« aus und traut das Paar symbolisch.

Geschichte: In der Gründungsurkunde des Klosters Rott am Inn wird Kötzting um 1085 erstmals als »Chostingen« erwähnt. Ab Ende des 12. Jh. residierten hier die Herren von Chostingen als Ministeriale der Markgrafen von Cham; auf einer Anhöhe über dem Weißen Regen ließen sie die imposante **Kirchenburg** errichten, die als eines der bedeutendsten Beispiele für Befestigungen im bayerisch-böhmischen Grenzraum gilt. 1344 erneuerte Kaiser Ludwig der Bayer die bereits um 1225 verliehenen Marktrechte, 1953 wurde Kötzting Stadt.

Weißenregen: Südlich von Kötzting steht in Weißenregen auf einer aussichtsreichen Wiesenanhöhe die 1765 geweihte Rokoko-Wallfahrtskirche Mariä Himmelfahrt mit der berühmten Schiffskanzel (1758) von Johannes Paulus Hager: architektonischer und bildlicher Ausdruck der Gleichsetzung der Kirche mit einem Schiff. Im Mittelschrein des Hochaltars befindet sich das Gnadenbild mit thronender Muttergottes (14. Jh.). Es befand sich ursprünglich in Nabburg, entging während der Reformation der Bilderzerstörung und gelangte auf einer Eiche nach Weißenregen; hier, so wird erzählt, wirkte es Wunder. 1593 wurde die erste Kapelle errichtet.

Die Pferde herausgeputzt, die Reiter in Tracht: Kötztinger Pfingstritt.

Sackenried: Südsüdöstlich von Kötzting steht in Sackenried die im Ursprung gotische Wallfahrtskirche Vierzehn Nothelfer. Eine Wallfahrtskirche an diesem Ort ist bereits 1209 bezeugt.

Tourist-Info: Kurverwaltung und Tourist-Information Kötzting, Herrenstraße 10, D-93444 Kötzting, Tel. 09941-60 21 50, Fax 09941-60 21 55.

▶ LAMER WINKEL

Höhe: 575 m	Karte: C/D 4
Einwohner: 3000	Wanderungen 23, 21

Der Lamer Winkel ist die von → **Osser**, → **Zwercheck**, → **Arber**, Kaitersberg und weiteren 1000er-Gipfeln umstandene Talschaft im Quellgebiet des Weißen Regen an der Grenze zu Böhmen; er zählt zu den landschaftlich schönsten Regionen des Bayerischen Walds. Namensgeber ist der Luftkurort Lam, einer der ältesten Fremdenverkehrsorte des Bayerischen Walds; ebenfalls im Lamer Winkel liegen die Urlaubsgemeinden Lohberg und Arrach.

Tip für Wasserratten: Das »**Osserbad**« in Lam ist ein Erlebnishallen- und -freibad mit zwei Wasserrutschen.

Geschichte: Bischof Heinrich von Regensburg schenkte 1279 das Gebiet von Lam dem Kloster Rott am Inn, und als Lam 1322 zur selbstständigen Pfarrei erhoben wurde, wurde es Zentrum des Rotter Rodungsgebiets (»Oberer Aigen) zwischen Arber, Zwercheck und Osser. Die Bergbautätigkeit (Silbererz) im Lamer Winkel ab 1463 war wenig ergiebig, 1697 vertauschte das Kloster Rott den Oberen Aigen an den Landesherrn. Auch das im ausgehenden 17. Jh. aufkommende Glashüttenwesen im Lamer Winkel blieb Episode, ehe mit dem Fremdenverkehr eine tragfähige wirtschaftliche Grundlage geschaffen wurde.

Sankt Ulrich: Die katholische Pfarrkirche Sankt Ulrich wurde nach dem Ortsbrand von 1699 unter Einbeziehung des gotischen Turms neu errichtet; die reiche Innenausstattung datiert aus der Mitte des 17. Jh.

Mineralienmuseum: Das Mineralienmuseum im »Haus zum Steiger« an der Osserstraße erinnert an die Bergbauzeit im Lamer Winkel. Darüber hinaus enthält es eine Gesteinssammlung mit mehr als 10 000 Exponaten aus aller Welt.

Tourist-Info: Tourist-Information Lam, D-93462 Lam, Tel. 09943-777, Fax 09943-81 77.

▶ LOHBERG

Höhe: 550 m	Karte: D 4
Einwohner: 2200	Wanderungen 21, 23

Der Luftkurort Lohberg liegt im Lamer Winkel zwischen → **Zwercheck**, → **Arber** und → **Osser**. Zu den Hauptsehenswürdigkeiten zählen der **Kleine Arbersee** mit den schwimmenden Moorinseln in der

Nordflanke des Großen Arber sowie der **Bayerwald-Tierpark** mit **Streichelzoo**. Auf dem Gebiet der Gemeinde Lohberg stehen mehrere alte Waldlerhäuser, darunter das 250 Jahre alte **Schwarzauer-Bauernhaus**. Die **Zackermühle** am Weißen Regen stammt aus dem 18. Jh.
Tourist-Info: Tourist-Information Lohberg, Rathausweg 1 a,
D-93470 Lohberg, Tel. 09943-94 13 13, Fax 09943-94 13 14.

▶ LUSEN

Höhe: 1373 m	Karte: E/F 5
	Wanderung 13

Der an der Grenze der Nationalparks Bayerischer Wald und Šumava aufragende Lusen mit seinem gelbgrün schimmernden Blockhaupt ist eine der aussichtsreichsten und eigenwilligsten Berggestalten des bayerisch-böhmischen Waldgebirges; mit der zum Gipfel führenden steinernen »Himmelsleiter«, der Teufelsloch-Schlucht, der idylli-

schen Martinsklause und dem Bergbach-Lehrpfad neben der in Kaskaden über Blockwerk tanzenden Kleinen Ohe ist er zugleich einer der abwechslungsreichsten. Als Quellberg der Kleinen Ohe, die im Stangenfilz [Hraniční slať], einem Moor in der Einsattelung westlich des Gipfels, entspringt, ist er neben dem benachbarten → **Rachel** der zweithöchste Quellberg der Ilz; der ebenfalls im Stangenfilz entspringende Lusenbach [Luzenský potok] hingegen entwässert nordwärts über Mader und → **Vydra** zur Moldau.

Die letzten Schritte auf der »Himmelsleiter« zum Blockhaupt des Lusen.

Ein Blockfeld aus feinkörnigem Granit bedeckt den allseits steil abfallenden Gipfelkegel des Lusen und bildet die natürliche Grundlage für eines der **umfassendsten Panoramen** des Bayerischen und Böhmerwalds.

Felsenmeer: Die Wissenschaft deutet das Gesteinstrümmerfeld auf dem Gipfel des Lusen als Verwitterungsblockmeer: Während der letzten Eiszeit, die vor etwa 10 000 Jahren endete, lugte der Gipfel des Lusen aus dem Eis hervor und war Regen, Sonne, Frostsprengung und anderen Formen mechanischer Verwitterung ausgesetzt. Auch in den Sagen spielt der von einem schlichten Bergkreuz überhöhte Lusen eine herausragende Rolle, die Entstehung des Blockfelds wird auf eine Riesin oder den Teufel zurückgeführt, auch eine »Lusen-Hexe« soll auf dem Gesteinstrümmerfeld gehaust haben. Alle Schätze dieser

Welt soll der Teufel hier zusammengetragen und Felstrümmer daraufgehäuft haben, »und wie er mit dem hochmächtigen Berg fertig war, so war das der Lusen, und der Teufel setzte sich darauf und verschnaufte sich«. Nach anderer Version wollte der Teufel mit den Felstrümmern den Weg zur Hölle pflastern, doch ein frommer Klausner beobachtete ihn und rief Gottes Fluch auf ihn herab: Da ließ der Satan seine Steinfuhre im Stich und entwich in sein Höllenreich, die Teufelsfuhre aber brach mit Gepolter zusammen, und die Ladung bildet bis heute die steinerne Krone des Lusen. Früher war es Brauch, an Allerseelen einen Kranz auf den Lusen zu tragen: Dieser Kranz, so heißt es, galt dem Andenken eines blinden Schneiders, der von Gesteinsbrocken erschlagen worden war, mit denen der Teufel vom Lusen aus um sich warf.

Tourist-Info: Tourismusbüro Neuschönau, Kaiserstraße 13, D-94556 Neuschönau, Tel. 08558-96 03 33, Fax 08558-96 03 77.

▶ MAUTH

Höhe: 820 m	Karte: E/F 5
Einwohner: 2650	Wanderung 11

Der **Urlaubs- und Wintersportort** Mauth liegt im Reschwassertal am Fuß des → **Lusen** am Ostrand des Nationalparks Bayerischer Wald.

Im Gemeindeteil Finsterau befindet sich das **Freilichtmuseum Bayerischer Wald**. Im **waldgeschichtlichen Wandergebiet** (→ **Wanderung 10**) an der Grenze zu Tschechien ist ein Wander-, Rad- und Skigrenzübergang nach Bučina [Buchwald] geöffnet, wo das

Der Siebensteinfelsen im waldgeschichtlichen Wandergebiet bei Mauth-Finsterau.

deutsch-tschechische Waldgeschichts-Informationszentrum eingerichtet wurde.

Nationalpark-Bus: Der von Spiegelau über Neuschönau nach Mauth und Finsterau fahrende »Finsterau-Bus« hat in der Hauptsaison an der Grenze Anschluss zum tschechischen Bus, der auf der für den öffentlichen Verkehr gesperrten (Radtouren-)Straße nach Kvilda [Außergefild] fährt (Wanderung 10).

Tourist-Info: Verkehrsamt Mauth, Giesekestraße 2, D-94151 Mauth, Tel. 08557-96 00 85, Fax 08557-96 00 15.

▶ MOLDAUSTAUSEE VODNÍ NÁDRŽ LIPNO

Höhe: 720 m   *Karte: G 6*
                                           Wanderungen 1 und 3

Der 48 km² große Moldaustausee Vodní Nádrž Lipno [Lipnostausee] ist das größte **Wassersport- und Baderevier** des Böhmerwalds und der größte Stausee am 440 km langen Lauf der Moldau. Gelegen am Nordrand des Nationalparks Šumava, gesäumt von Wiesen, Wäldern und kleinen Dörfern mit guter touristischer Infrastruktur (Gasthöfe, Hotels, Pensionen, Campingplätze, Badestrände, Ausflugsdampfer), bildet der 1950–59 zum Zweck der Stromerzeugung aufgestaute See ein ideales Urlaubsgebiet mit zahlreichen Möglichkeiten zum Baden, für Wanderungen und Radtouren.

Durch Fußwanderwege ist das Gebiet der Moldauauen nicht erschlossen, als **Wasserwanderweg** hingegen genießt es einen erstklassigen Ruf. Hauptausgangspunkte für die Wasserwanderung im breiten, kaum Gefälle aufweisenden Flusstal sind Horní Vltavice [Obermoldau] und Lenora [Eleonorenhain] an der Warmen Moldau; hier besteht auch die Möglichkeit, Kanus und Kajaks zu entleihen.

Mit dem **Fahrrad** lässt sich der Bereich zwischen Nová Pec am Moldaustausee und Stožec an der Kalten Moldau auf einer für Lastwagen gesperrten und generell wenig befahrenen Nebenstraße erkunden.

Auf 44 km Länge erstreckt er sich von **Nová Pec** [Neuofen] im Nordwesten bis zur 220 m langen Staumauer bei **Lipno nad Vltavou** [Lippen] im Südosten. Der bekannteste Ort ist → **Horní Planá** [Oberplan], der Geburtsort des Schriftstellers Adalbert Stifter. Im Sommer verkehrt zwischen Horní Planá und dem Südufer eine **Autofähre**; **Ausflugsschiffe** pendeln zwischen Horní Planá, Černá v Pošumaví [Schwarzberg], Frymburk [Friedburg], Lipno und Přední Výtoň [Vorder Heuraffl].

Unterhalb der Staumauer stürzt das alte Flussbett der Moldau in die Felsschlucht an der **Čertová stěna** [Teufelsmauer] hinab; dieser eindrucksvollen Schlucht wird das Wasser weitgehend entzogen und durch einen Tunnel dem Speicherbecken Vodní Nádrž Lipno II oberhalb von **Vyšší Brod** [Hohenfurth] zugeleitet.

Moldauauen: Das weite Tal der jungen Moldau oberhalb des Stausees zählt in vielerlei Hinsicht zu den landschaftlichen Höhepunkten des Böhmerwalds. Feuchtgebiete von internationaler Bedeutung sind die 500 bis 800 m breiten Auenlandschaften beidseits der unteren Warmen Moldau und längs der Moldau bis zur Stauwurzel des Moldaustausees. Dieses weitflächig unter Schutz stehende Naturparadies geht im Einflussbereich des Stausees in eine amphibische

Landschaft über, die aufgrund der wechselnden Stauseewasserstände ebenfalls ein Rückzugsgebiet für seltene Pflanzen und Tiere geworden ist.

MUSEUMSDORF BAYERISCHER WALD

Höhe: 480 m   *Karte: D/E 6*

Das Museumsdorf Bayerischer Wald in Tittling im → **Dreiburgenland** ist eines der größten **Freilichtmuseen** Europas; weithin bekannt wurde es durch die TV-Sendungen »Lustige Musikanten« mit Marianne und Michael sowie »Kein schöner Land« mit Günter Wewel. Auf 20 ha präsentiert das Museumsdorf über 140 Bauten als Beispiele für die Entwicklung der Bauformen im Bayerischen Wald vom 17. bis ins 19. Jh.: 48 bäuerliche Anwesen mit landwirtschaftlichen Nebengebäuden, Sägewerken, Schmieden, Mühlen, Dorf- und Wegekapellen, Flurdenkmälern und der ältesten Volksschule Deutschlands. Die Ausstattung dieser Bauwerke dokumentiert das Wohnen und Wirtschaften von Groß- und Kleinbauern, Tagelöhnern, Dienstboten und Handwerkern vom 18. bis ins frühe 20. Jh.: bäuerlicher Hausrat und Möbel, Trachten, Kleidung und Wäsche, Zeugnisse der Volksfrömmigkeit, landwirtschaftliches Gerät und Werkzeuge.

Haus im Museumsdorf Tittling.

Tourist-Info: Touristinformation Tittling, Marktplatz 10, D-94104 Tittling, Tel. 08504-40 114, Fax 08504-40 120.

NATIONALPARK-INFORMATIONSZENTRUM

Höhe: 750 m   *Karte: E 5*

Das Nationalpark-Informationszentrum in Neuschönau ist ein **Naturbildungszentrum** mit **Pflanzen-, Gesteins- und Tierfreigeländen** sowie einem **Museum**, dem Hans-Eisenmann-Haus. In mehreren ausgeschilderten Rundgängen vermittelt es Wissen darüber, was der Nationalpark überhaupt ist, welche Gefahren ihm drohen, aus welchen Gesteinsarten das Gebirge aufgebaut ist, welche Blumen, Kräuter und Gräser sein Nadel- und Blätterdach birgt, welche Bäume hier wachsen, welche Tiere es gibt und welche es gab, ehe der wirtschaf-

tende Mensch Hand an den Wald legte. Anhand von Ausstellungen, Filmvorführungen, Aquarien, Terrarien usw. werden im Hans-Eisenmann-Haus natürliche Vorgänge transparent gemacht, zudem finden sich Räume mit Mikroskopiervorrichtungen, eine naturkundliche Freihandbibliothek und – für die Kleinsten – Räume zum Basteln und Malen. Das Nationalpark-Informationszentrum mit dem **Tierfreigehege** ist der meistbesuchte Platz im Bayerischen Wald.

Tourist-Info: Tourismusbüro Neuschönau, Kaiserstraße 13, D-94556 Neuschönau,

Tel. 08558-96 03 33, Fax 08558-96 03 77.

Bergsee-Biotop am Hans-Eisenmann-Haus im Nationalpark-Informationszentrum Bayerischer Wald.

▶ NEUKIRCHEN BEIM HEILIGEN BLUT

Höhe: 497 m	Karte: C/D 3/4
Einwohner: 4300	Wanderung 24

Der Wallfahrtsort Neukirchen beim Heiligen Blut liegt in der landwirtschaftlich geprägten Weitung nördlich des Hohen Bogen im Naturpark Oberer Bayerischer Wald; er ist einer der berühmtesten Marienwallfahrtsorte des Bayerischen Walds.

Geschichte: Neukirchen entstand im 13. Jh. durch das Zusammenwachsen dreier Dörfer, spielte eine wichtige Funktion in der Grenzverteidigung und wurde 1377 vom bayerischen Herzog Albrecht I. zum Markt erhoben.

Wallfahrt: Als marianisches Wallfahrtsziel ist Neukirchen seit mehr als einem halben Jahrtausend ein **therapeutisches, »medizinisches«, spirituelles und religiöses Zentrum** und ein bedeutender Wirtschaftsstandort. Architektonisch besteht der Wallfahrtskomplex aus der Wallfahrtskirche zum Heiligen Blut (17./18. Jh.), der Sankt-Anna-Kapelle am Heiligen Brunn (um 1700) und dem Franziskanerkloster einschließlich Klosterkirche (1658–61). Um 1400 soll bei einem Quellheiligtum, dem **Heiligen Brunn**, auf einem Baumstumpf eine Hostie gefunden worden sein, was Anlass gab, eine Kapelle (die heutige Wallfahrtskirche) zu errichten, die rasch viele Wallfahrer anzog. 1410 soll eine kranke Wallfahrerin aus Böhmen die heilenden Eigenschaften des Heiligen Brunn entdeckt haben. Als 1419 die Hussitenkriege begannen, rettete die böhmische Bäuerin Susanna Halada eine schwarze Muttergottesstatue vor den Hussiten und brachte sie zur

Kapelle. Um 1450 wollte ein Hussit die Statue in den Heiligen Brunn werfen, und als die Statue immer wieder hervorkam, hieb er ihr sein Schwert in den Kopf; da floss frisches Blut heraus – was den Auslöser gab für die Wallfahrt »zum Heiligen Blut« und zu einer regen Verehrung der Marienstatue, der heilende Kräfte zugeschrieben wurden.

Das **gotische Gnadenbild** böhmischer Herkunft aus der Zeit um 1400 findet sich am Hochaltar der heutigen Wallfahrtskirche; umhüllt ist es von einem Festgewand, das im 18. Jh. aus dem Brautkleid einer böhmischen Prinzessin gefertigt worden sein soll.

Die um 1400 erbaute Kapelle wurde 1520 zur **Wallfahrtskapelle** erhoben, 1610 wurde das Langhaus neu gebaut, und als 1609 ein Sturm die Pfarrkirche von Neukirchen zerstörte, wurde die Wallfahrtskirche zugleich Pfarrkirche. In den 1650er Jahren kamen die Franziskaner, um die Wallfahrt zu betreuen, und ließen ein Kloster und die Klosterkirche errichten. Bei den Bauarbeiten wurde der in Vergessenheit geratene und verschüttete Heilige Brunn wieder entdeckt und in das Kultprogramm einbezogen: Das Wasser des Heiligen Brunn wurde über eine Rinne an die Außenseite der Wallfahrtskirche geleitet, floss dort durch den Kopf einer Gnadenbildkopie und konnte dann von den Gläubigen geschöpft werden. Auf diese Weise sollte veranschaulicht werden, dass das Wasser des Heiligen Brunn seine Heilkraft durch die Berührung mit dem Gnadenbild erhalten hatte, als der Hussit es in den Heiligen Brunn zu werfen und zu entehren versucht hatte.

Das Gnadenbild selbst wurde drei- bis viermal wöchentlich von seinem Platz über dem Hochaltar herabgelassen und durfte dann von den Gläubigen mit Rosenkränzen, Bildern, Skapulieren, Ablasspfennigen, Ringen usw. am Kopf berührt werden. Außerdem wurden in der »Kopfwunde« des Bildes kleine weiße Leinwandstreifen angerührt und als »heilige Bindlein« bzw. »Bindlein de thaumaturgo« (Wunderbindlein) an die Wallfahrer abgegeben; diese berührten mit den Bindlein erkrankte Körperstellen, banden sich die Bindlein um den Leib oder schabten sie ab, mischten das Abgeschabte mit dem Wasser aus dem Heiligen Brunn und tranken es in der Hoffnung auf Heilung. Die Mirakelbücher von Neukirchen erwähnen zudem, dass 1752 und 1753 aus der Wallfahrtskirche geweihte Erde zu Heilbräuchen entnommen wurde, und beschreiben die erfolgreichen Heilungen. Das **Wallfahrtsmuseum** dokumentiert die Geschichte dieser berühmten Marienwallfahrt.

Tourist-Info: Tourist-Info Neukirchen, Marktplatz 10, D-93433 Neukirchen beim Heiligen Blut, Tel. 09947-94 08 21, Fax 09947-94 08 44.

▶ NIEDERALTAICH

Höhe: 310 m	Karte: D 6
Einwohner: 19 000	

Die Gemeinde Niederaltaich mit der monumentalen Barockkirche des Benediktinerklosters liegt am linken Ufer der Donau im Naturpark Bayerischer Wald. Der Agilolfinger-Herzog Odilo von Bayern gründete das Benediktinerkloster Altaich 731 (bzw. 741) mit dem Aufgabenschwerpunkt, den »Nordwald« urbar zu machen und zu christianisieren. Die systematischen Rodungen im Bayerischen Wald begannen um das Jahr 1000, Niederaltaich wurde eines der reichsten Klöster und eines der bedeutendsten Kulturzentren Altbayerns.

Name: Der Name Altaich [ursprünglich Altaha = Altwasser] bezog sich auf die Lage des damals nur per Boot erreichbaren Klosters auf einer hochwassersicheren Terrasse inmitten der knapp vier Kilometer breiten Donauaue mit ihren Altwassern, Inseln, Auwäldern und Sümpfen. Diese wilde Flusslandschaft unterhalb der Isarmündung ist seit der Donaukorrektur im 19. Jh. und der Errichtung von Volldämmen ab 1938 einer Kanal- und Grabenlandschaft gewichen, in der einige bedeutende Relikte wie das Naturschutzgebiet »Staatshaufen« und das von der Alten Donau umflossene Naturdenkmal »Gundelau« an die einstige Lage von Altaich erinnern.

Geschichte: Nach dem Sturz der Agilolfinger wurde Altaich 788 fränkisches Königskloster. Nach Zerstörungen während der Ungarneinfälle im 9./10. Jh. folgte ab der Jahrtausendwende eine Blütezeit unter dem später heilig gesprochenen Abt Godehard, der 1022 Bischof von Hildesheim wurde. Als die Grafen von → **Bogen** um 1100 donauaufwärts ein zweites Kloster namens Altaich gründeten, wurde eine Unterscheidung notwendig: Das alte Kloster wurde fortan Niederaltaich genannt, die Neugründung hieß Oberaltaich. 1152 unterstellte Kaiser Friedrich I. Barbarossa das Kloster dem Bischof von Bamberg, die Vogtei übten jedoch die Grafen von Bogen aus; 1242 übernahmen die Herzöge von Bayern mit dem Bogener Erbe die Vogtei. Eine weitere Blütezeit folgte unter dem Abt und Gelehrten Her-

Jeweils am letzten Sonntag eines Monats findet in Niederaltaich eine feierliche **Segnung der Donau** statt. Auch die Fronleichnamsprozession ist mit einer Segnung der Donau verbunden.

mann (1271), unter dessen Herrschaft als bedeutende zeitgeschichtliche Quelle die »Annales Altahenses« entstanden und mit dem Neubau der gotischen Kirche begonnen wurde, die den Kern der heutigen Anlage bildet. Trotz mehrmaliger Zerstörungen im Dreißigjährigen Krieg und im Österreichischen Erbfolgekrieg blieb Niederaltaich bis zuletzt ein weithin berühmtes Zentrum von Wissenschaft und Kunst. 1803 wurde das Kloster säkularisiert, die Gebäude wurden versteigert, die berühmte Bibliothek wurde verschleudert, Archive von unschätzbarem Wert vernichtet. 40 000 Tagwerk Wald des ehemaligen Klosterstaats gingen in den Besitz des bayerischen Staats über, der in den Gebäuden 1849 ein Gefängnis einrichtete. Nach dem Ende der Monarchie wurde Niederaltaich 1918 von Metten aus neu besiedelt; 1953 begann die Erneuerung der Klosterbauten. In einem Museum sind die erhaltenen Paramente und die Reste der klösterlichen Schatzkammer untergebracht.

Klosterkirche: Anlässlich der 1731 bevorstehenden Jahrtausendfeier der Klostergründung wurde die gotische Kirche der Benediktinerabtei ab 1718 zu einer monumentalen barocken Wandpfeilerkirche mit Doppelturmfassade umgebaut. Jakob Pawagner führte 1718–22 die Barockisierung des Innenraums aus, in dem nichts mehr an die gotische Halle erinnert; die Stuckaturen schufen 1720–22 die Italiener Giovanni Battista und Sebastiano d´Allio. Der Spätbarockarchitekt Johann Michael Fischer errichtete 1724–26 den Ostschluss mit der Sakristei und dem Mönchschor und 1731–37 die Turmaufbauten.

Tourist-Info: Verkehrsamt Niederaltaich, Guntherweg 3, D-94557 Niederaltaich, Tel. 09901-66 55, Fax 09901-24 60.

 PASSAU

Höhe: 290 m	*Karte: D/E 6/7*
Einwohner: 50 700	

Die Bischofs- und Universitätsstadt Passau, eine der ältesten Städte nördlich der Alpen, liegt am Zusammenfluss von Ilz, Inn und Donau am Südfuß des Bayerischen und Böhmerwalds, der hier im Neuburger Wald über die Donau hinausgreift.

Geschichte: Der in landschaftlicher und strategischer Hinsicht einzigartige Zusammenfluss der als bedeutende Verkehrsleitlinien genutzten Flüsse diente bereits um 5000 v. Chr. als Umschlagplatz für Salz und Ton (archäologische Funde im Oberhausmuseum). Im 1. Jh. v. Chr. gründeten die Kelten an diesem Dreiflüsse-Eck Boiodurum [Böhmerstadt]; als die Römer hier um 80 n. Chr. ein Kastell errichteten, übernahmen sie den keltischen Namen. Um 270 errichteten die Römer ein zweites Kastell, das den Namen »Batavis« [die Batavische] erhielt nach den darin stationierten Hilfstruppen aus dem germanischen Stamm der Bataver; der Name »Batavis« verschliff sich in den folgenden Jahrhunderten zu »Passau«. Die Funde dieser Zeit sind im Freilichtmuseum und Ausstellungsgebäude **Römermuseum Kastell Boiotro** zu besichtigen. Im 5. Jh. gründete der später heilig gesprochene Mönch Severin im Bereich der Severinskirche ein Kloster. Von größter Bedeutung für die weitere Entwicklung der Stadt war 739 ihre Erhebung zum Bischofsitz. Zu den berühmtesten Bischöfen zählt Pilgrim, der sich 971–91 um den Wiederaufbau des Stifts nach den Ungarnkriegen bemühte; im **»Nibelungenlied«** trägt seinen Namen der Bischof von Passau, der Oheim Kriemhields und ihrer Brüder. Das »Nibelungenlied«, das bekannteste mittelhochdeutsche Heldenepos, entstand um 1200 mutmaßlich am Hof des Bischofs Wolfger von Passau. Wie eine Reiseabrechnung von Bischof Wolfger belegt, hielt sich auch Walther von der Vogelweide 1203 in Passau auf. Bischof Wolfger gliederte das Umland von Passau dem geistlichen Staat ein, dessen Territorium sich bis weit nach Österreich und Ungarn erstreckte; erst 1469 wurde vom Passauer Gebiet das Bistum Wien abgetrennt. Zugleich kontrollierten die Bischöfe den lukrativen Salzhandel auf dem nach Böhmen führenden Goldenen Steig. Die weltlichen Handelssiedlungen, die sich im Schatten der fürstbischöflichen Residenz entwickelten, versuchten 1298 und 1367 vergeblich, in Aufständen die Herrschaft des Krummstabs abzuschütteln. Bis 1783 war Passau der größte geistliche Staat innerhalb des Heiligen Römischen Reichs; erst beim Zusammenbruch des Reichs wurde der Passauer Staat 1803 durch den Reichsdeputationshauptschluss aufgelöst und fiel an Bayern.

Stadtbild und Museen: Seit den Bränden von 1662 und 1680 dominieren Bauten aus der Zeit der Renaissance und des Barock sowie barockisierte Bauten aus der Zeit der Gotik das Passauer Stadtbild, das von den tief in das Grundgebirge eingeschnittenen Flüssen deutlich in vier Teile gegliedert wird. Zu den stadtbildprägenden Komplexen zählen auf dem bewaldeten Felsrücken zwischen Ilz und Donau

»Passau ist keine Stadt, Passau ist eine Landschaft... Sechs Flussufer, drei Steilhänge und eine lange flache Landzunge, die sich im Hintergrund zu einer welligen Hochfläche auffächert, das ist der Raum, in dem sich Passau ereignet.« (Gertrud Fussenegger geb. 1912 in Pilsen)

die ehemals fürstbischöflichen Festungsanlagen **Veste Oberhaus** (heute **Oberhausmuseum mit Böhmerwaldmuseum**) und **Veste Niederhaus** mit der ehemaligen Wallfahrtskirche **Sankt Salvator** (heute Konzertsaal) sowie über dem rechten Ufer des Inn die malerisch gestaffelte Barockanlage der **Wallfahrtskirche Mariahilf**, zu der wie eine Himmelsleiter von der Innstadt aus eine steile Stiege hinaufführt. Zwischen diesen beiden hoch gelegenen Baukomplexen über Inn und Donau wird die von den beiden Flüssen umspülte, lanzettförmige Landzunge von der sog. Kernstadt

eingenommen; auf dem höchsten Punkt dieses hochwassersicheren Gneisrückens erhebt sich der von einer einzigartigen Verbindung aus Gotik und Barock akzentuierte Monumentalbau der **Domkirche Sankt Stephan**; sie beherbergt die **größte Kirchenorgel der Welt**. Neben dem Dom ist die ehemalige Jesuitenkirche **Sankt Michael** (1665–77) der zweite beherrschende Sakralbau der Kernstadt; hinzu kommen die doppeltürmige romanische, zur Zeit des Barock veränderte **Heiligkreuzkirche** des ehemaligen **Benediktinerinnenklosters Niedernburg** und die ebenfalls barockisierte gotische Hallenkirche **Sankt Nikola**. Weitere Repräsentationsbauten der Kernstadt sind die durch den **Saalbau** (heute **Domschatz- und Diözesanmuseum**) verbundene bischöfliche **Alte Residenz** (1662–80) und die **Neue Residenz** (1771). Das ehemalige Jesuitenkolleg (17. Jh.) ist heute Theologische Hochschule. In dem im Louis-XVI-Stil gehaltenen ehemaligen fürstbischöflichen Opernhaus (1784) befindet sich das **Stadttheater**. Zu den wenigen Bauwerken des Bürgertums zählt das barockisierte gotische **Rathaus** mit neugotischem Turm. Am Rathausplatz hat das international renommierte **Passauer Glasmuseum**, »das schönste Glashaus der Welt« (Friedrich Dürrenmatt), seinen Sitz: 30 000 Exponate von Barock, Empire, Biedermeier, Klassizismus und Historismus bis hin zu Jugendstil, Art Déco und Moderne dokumentieren 250 Jahre böhmische Glasgeschichte von 1700 bis zur Mitte des 20. Jh. In einem der schönsten Altstadtbürgerhäuser, einem der für Passau typischen »Stiegenhäuser« in der Bräugasse, ist das **Museum Moderner Kunst** untergebracht.

Die am weitesten Richtung Wald gelegene Passauer Stadt ist die **Ilzstadt** links der Ilz an ihrer Mündung in die Donau; hier lebten Fischer und Bauern in behäbigen Flachsatteldachhäusern, hier begann der Goldene Steig durch den Bayerischen Wald nach Böhmen.

Tourist-Info: Tourist-Information, Rathausplatz 3, D-94032 Passau, Tel. 0851-95 598-0, Fax 0851-35 107, Internet: www.passau.de.

▶ **PFAHL**

Höhe: bis zu 753 m	*Karte: z. B. D 5 oder B/C 4*
	Wanderung 27

Der Pfahl ist eine riffartig bis zu 30 m herausgewitterte Härtlingsrippe aus Quarz, die den Bayerischen Wald auf 150 km Länge durchzieht und den Vorderen vom Hinteren Wald trennt. Dieses Naturdenkmal, dessen **malerische Felsen** auch zum Klettern aufgesucht werden, verläuft nahezu schnurgerade von → **Freyung** über → **Regen**, → **Viechtach** und → **Cham** bis Schwandorf am Südrand des Oberpfälzer Walds. Die bis zu 120 m breite Quarzader, ausgeschieden aus einer heißen wässerigen Lösung, füllte ursprünglich das geradlinige Kluftsystem an der tektonischen Bruchlinie zwischen Hinterem und Vorderem Wald. Während die umgebenden Gneise und Granite im Lauf von Jahrmillionen abgetragen wurden und eine Senke entstand, die **Pfahlsenke**, blieb der harte Quarzpfahl riffartig stehen. Der Pfahl ist zu großen Teilen zerstört, da seit der industriellen Revolution im 19. Jahrhundert aus dem harten Gestein Straßenschotter und Auskleidungen von Elektroschmelzöfen gewonnen wurden; heute wird Pfahlquarz als Rohstoff für die Ferrosilicium- und Silikonproduktion benutzt. Erhaltene Reste des Pfahl stehen unter Naturschutz, darunter der durch einen Rundwanderweg erschlossene **Große Pfahl** an der B 85 westlich von Viechtach; die weithin sichtbare, bizarre Felsmauer bei Viechtach gilt als schönste erhaltene Partie des gesamten Pfahl. Auf dem höchsten Punkt des Pfahl steht bei Regen die Burgruine Weißenstein.

▶ **PLZEŇ [PILSEN]**

Höhe: 320 m	*Karte: D/E 1*
Einwohner: 17 400	

Pilsen, die zweitgrößte Stadt Böhmens, liegt im Pilsener Becken [Plzeňská kotlina] am Zusammenfluss von Radbusa, Angel und Uslawa zur Mies.

Geschichte: König Václav II. von Böhmen gründete Pilsen 1295 als befestigte Stadt unweit der 976 erstmals erwähnten slawischen Burgstätte und Siedlung Alt-Pilsen [Starý Plzenec]. War schon Alt-Pilsen so wohlhabend gewesen, dass es 1266 sieben Kirchen und Kapellen besessen hatte, nahm die überschwemmungssichere, von einer Mauer umgebene Neugründung am Handelsweg von Regensburg nach Sachsen einen noch bedeutenderen Aufschwung. Von der Stadtgründung bis heute ist »Pilsener« Bier (ab 1842: Pilsener Urquell) einer der Hauptexportartkel. Emil Škoda machte Pilsen im ausgehenden 19. Jh. zu einem führenden Standort des Maschinenbaus und der Rüstungsindustrie, zu Beginn des 20. Jh. ergänzt durch die Automobilproduktion.

Stadtbild: Zwar wurde die Stadtmauer im 19. Jh. niedergelegt, doch hat der Stadtkern seinen mittelalterlichen Grundriss bewahrt. In der Altstadt haben sich zahlreiche mittelalterliche und Renaissancehäuser erhalten, teils barockisiert oder später umgebaut. Das Zentrum bildet der weiträumige historische **Marktplatz** [Náměstí Republiký] mit der dreischiffigen gotischen Kirche **Sankt Bartholomäus** (1497 vollendet); ihr Turm, mit 103 m der höchste Kirchturm Böhmens,

fungiert auch als Aussichtsturm. Zu den berühmtesten Ausstattungsstücken der Kirche, deren Hallen um 1470 mit Netzgewölben überspannt wurden, zählt die gotische Statue der **Pilsener Madonna** (um 1390). Die Nordfront des historischen Marktplatzes nimmt die sgraffitogeschmückte Fassade des 1554–74 nach Plänen von G. de Statio errichteten **Renaissancerathauses** (um 1900 teilweise verändert) ein. Im **Kaiserhaus** [Cisařský dům] neben dem Rathaus wohnte Kaiser Rudolf II., der 1575–1611 zugleich König von Böhmen war. Im **Wallensteinhaus** [Valdštejnûv dům] hatte während des Dreißigjährigen Kriegs 1633/34 der kaiserlich-katholische Feldherr Albrecht von Wallenstein Quartier; 1634 nahm er im Pilsener Revers seinen Soldaten eine Treueverpflichtung ab, im zweiten Pilsener Revers verwahrte er sich gegen Verratsvorwürfe, die der Kaiser nach Wallensteins Ermordung vergeblich durch Dokumente zu belegen versuchte. Zu den bedeutendsten Barockbauten von Pilsen zählt das Palais der Erzdechantei am Marktplatz. Aus der Zeit der Gotik stammen die **Fleischbänke** [Masné kramý] in der den Marktplatz ostwärts verlassenden Straße Pražska. Eine Querstraße weiter nördlich wurde in einem gotischen Malzhaus das **Brauereimuseum** [Pivovařské muzeum] eingerichtet. Verlässt man den Marktplatz am Südosteck durch die Františkanská, gelangt man an der barockisierten **Franziskanerkirche** (ursprünglich 14. Jh.) vorbei zum **Westböhmischen Museum** [Západočeské muzeum] auf dem Gelände der ehemaligen Stadtmauer. Wer den Ursprung des Pilsener Urquell sucht, findet ihn am Fluss Radbusa in der **Bürgerlichen Brauerei** [Měšťanský pivovar]; hier werden auch Brauereiführungen veranstaltet.

Blockmeer am Bayerischen Plöckenstein westlich des tschechisch-österreichischen Plöckensteins.

▶ PLÖCKENSTEIN [PLECHÝ]

| Höhe: 1378 m | Karte: F/G 6 |
| | Wanderungen 2 und 4 |

Der nach dem Granitblockwerk benannte Blöcken- oder Plöckenstein mit dem Plöckensteinsee und einem Felsenmeer in seiner Nordostflanke ist die höchste Erhebung im Nationalpark Šumava und der

höchste Böhmerwald-Gipfel Tschechiens und Österreichs. Sein von mächtigen Felsblöcken bedeckter Gipfel trägt die tschechisch-österreichische Grenze, das in Adalbert Stifters Roman »Witiko« und in der Erzählung »Der Hochwald« gerühmte Panorama allerdings gibt es nicht mehr, da der Hochwald die Aussicht versperrt. Der Grenzübertritt am offiziellen Wanderübergang neben den Gipfelfelsen ist mit Personalausweis möglich. Vom Plöckenstein führt ein Steig in einer Viertelstunde zum 1877 errichteten **Adalbert-Stifter-Denkmal** [Stifterův pomník] in aussichtsreicher Lage hoch über der **Heidenwand**, der 200 m hohen Karwand des Sees: Der Blick schweift hinab auf den sagenumwobenen See und in das weite Moldautal, wo sich am Ufer des Moldaustausees → **Vodní Nádrž Lipno** die Häuser von Stifters Geburtsort → **Horní Plana** [Oberplan] zeigen. Vom Stifter-Denkmal führt ein Pfad in einer weiteren Viertelstunde steil hinab zum **Plöckensteinsee** [Plešné jezero], dessen Karmulde von Gletschern während der letzten Eiszeit ausgeschürft wurde. Südlich des Sees türmen sich mächtige Granitfelsen zu einem **Felsenmeer** [Kamenné moře].

▶ PRACHATICE [PRACHATITZ]

Höhe: 560 m   Karte: F/G 4/5
Einwohner: 11 700

Die Kreisstadt Prachatice mit ihrer unter Denkmalschutz stehenden Renaissance-Altstadt liegt in den nördlichen Ausläufern des östlichen Böhmerwalds.

Geschichte: Prachatice wurde um 1310 als Stadt an einem der vier Goldenen Steige, den mittelalterlichen Salzhandelswegen zwischen Bayern und Böhmen, gegründet. Die Verleihung des königlichen Salzhandelsmonopols noch im selben Jahrhundert schuf die Voraussetzung für ein bedeutendes Wirtschaftswachstum. Zu Beginn des 17. Jh. wurde Prachatice Königsstadt, ab dem 18. Jh. gehörte es zum Schwarzenberger-Herzogtum Krumau [→ **Český Kumlov**].

Stadtbild: Bis heute wird Prachatice burgartig von einer zinnenbewehrten Stadtmauer (14.–16. Jh.) ringförmig umschlossen. Nach Brandzerstörung 1507 wurde die Stadt in einheitlichem Renaissancestil wieder aufgebaut, die dreischiffige gotische **Jakobskirche** (14. Jh. über Vorgängerbau) mit ihren kostbaren Netz- und Sternrippengewölben blieb erhalten, wurde jedoch im 15. und 16. Jh. erweitert; sie ist einer der bedeutendsten Sakralbauten im Bereich des Böhmerwalds. Den Marktplatz säumen reich mit Sgraffiti und Fresken geschmückte Renaissancehäuser, darunter das Alte Rathaus (1571) und das ehemalige Salzlager **Rumpalův dům** (16. Jh.).

Tourist-Info: Čedok, Zvolenská 30, CZ-38301 Prachatice, Tel. 0338-22 531.

▶ REGEN

Höhe: 530 m   Karte: D 5
Einwohner: 12 500   Wanderung 27

Die Kreisstadt Regen liegt im Naturpark Bayerischer Wald im Tal des Schwarzen Regen, der hier vom harten Quarzgestein des → **Pfahl** nach Norden abgedrängt wird. Auf der höchsten Erhebung der zerklüfteten Pfahlfelsen steht die Ruine der Burg → **Weißenstein**, deren Aussichtsplattform eines der besten Panoramen des Bayerischen Walds gewährt. In Regen befindet sich das **Niederbayerische Landwirtschaftsmuseum**. Die Hauptwirtschaftsfaktoren sind: Fremdenverkehr, Holzindustrie und die Herstellung optischer Gläser.

Geschichte: Seine Entstehung verdankt der Ort der Rodungstätigkeit der Benediktinermönche des Klosters → **Rinchnach** im 11. Jh.; im

Das am letzten Juli-Wochenende stattfindende **Pichelsteiner-Fest** in Regen ist seit den 1870er Jahren eines der bekanntesten Volksfeste Bayerns. Im Mittelpunkt steht der am Büchelstein erfundene und nach ihm benannte Pichelsteiner Eintopf aus Rind, Kalb, Schwein, Gemüsen und kräftigen Gewürzen.

Dreißigjährigen Krieg und im Österreichischen Krieg wurde er mehrmals zerstört. Mit der Eisenbahnlinie von → **Deggendorf** nach Eisenstein 1877 begann der wirtschaftliche Aufschwung.

Tourist-Info: Tourist-Information Regen, Schulgasse 2, D-94209 Regen, Tel. 09921-29 29, Fax 09921-60 433.

▶ REGENSBURG

Höhe: 339 m	Karte: A 5
Einwohner: 125 400	

Die oberpfälzische Kreisstadt Regensburg liegt an der Mündung von Regen und Naab am nördlichsten Punkt der Donau.

Geschichte: In dem Talkessel am Nordknie der Donau, verkehrgünstig gelegen an einem Flussübergang und nahe der Mündung von Regen und Naab, wurde um 500 v. Chr. die keltische Siedlung **Radaspona** gegründet; sie lag im Bereich des heutigen Arnulfplatzes. Um 70 n. Chr. errichteten die Römer während des Limes-Ausbaus auf dem **Königsberg** im heutigen Stadtteil **Kumpfmühl** ein Kohortenlager, das 100 Jahre später von den germanischen Markomannen zerstört wurde. Den Markomannenkriegen (166–180) verdankt Regensburg seine eigentliche Gründung: Im Jahr 179 ließ der römische Kaiser Mark Aurel auf der Donauterrasse gegenüber dem Regental das Legionslager **Castra Regina** [Lager am Regen] anlegen, neben dem sich eine bedeutende Zivilsiedlung entwickelte. Als die Römer das Lager um 400 unzerstört aufgaben, siedelten sich Bayern darin an. Im 6. Jh. wurde Regensburg Residenz der bayerischen Agilolfinger-Stammesherzöge, die von ihrer Pfalz aus eine intensive Siedlungs- und Missionspolitik trieben. Zu den berühmtesten Bischöfen, die sie nach Regenburg beriefen, zählt der später heilig gesprochene Emmeram, bei dessen Grab im frühen 8. Jh. die Benediktinerabtei **Sankt Emmeram** gegründet wurde. 739 gründete der angelsächsische Benediktiner Bonifatius das Bistum Regensburg. Eine politische Wende trat ein, als der fränkische König Karl der Große 788 die Agilolfinger absetzte und Regensburg zum fränkischen Herrschersitz ausbaute. Arnulf der Böse, der erste bayerische Stammesherzog aus dem Geschlecht der Liutpoldinger und erste Gegenkönig (919–21) der deutschen Geschichte, machte Regensburg wieder zur **Hauptstadt Bayerns** und ließ um 920 die Kaufleutestadt in die Stadtbefestigung einbeziehen: Dazu ließ er die erste nachrömische Stadtmauer Europas errichten. Als der bayerische Herzog Heinrich 1002 zum römischen König gewählt und 1014 zum Kaiser gekrönt wurde, wurde Regensburg erneut **Kaiserresidenz des Heiligen Römischen Reichs**. Zu dieser Zeit bestand Regensburg aus drei Territorien: dem königlichen »pagus regius«, dem bischöflichen »pagus cleri« und der Kaufleutestadt »pagus mercatorum«. Mit 10 000 Einwohnern war diese Stadt um 1200 die bevölkerungsreichste Süddeutschlands. Durch ein Privileg des Staufer-Kaisers Friedrich II. erlangte das reiche Kaufleuteterritorium

1245 die Reichsunmittelbarkeit: Regensburg wurde **Reichsstadt** und schied als Hauptstadt des bayerischen Herzogtums aus. Im 14. Jh. begann nach der Verlagerung der Handelsrouten der wirtschaftliche Niedergang der Reichsstadt, die sich 1486 dem bayerischen Herzog Albrecht IV. unterwarf, um den finanziellen Ruin abzuwenden; Albrecht IV. gründete die **Universität Regensburg**

(Neugründung 1962); 1492 zwang Kaiser Friedrich III. Bayern zur Rückgabe der Reichsstadt. 1542 schloss sich die Reichsstadt der Reformation an: Wer in Regensburg wohnen wollte, musste protestantisch sein – im Kontrast zur weiterhin katholischen Bischofsstadt. Eine gewisse Bedeutung hatte die Reichsstadt 1663–1806 als Sitz des **Immerwährenden Reichstags**, des permanenten Gesandtenkongresses des Heiligen Römischen Reichs. Nach der Säkularisation wurden die geistlichen Territorien 1803 in ein weltliches Fürstentum Regensburg umgewandelt, das nach der Eroberung durch die Franzosen (1809) 1810 an Bayern fiel. Durch Zuwanderungen im 19. Jahrhundert wurde Regensburg wieder überwiegend katholisch.

Altstadt: Die überwiegend mittelalterlich geprägte Regensburger Altstadt mit ihren Kirchen, Patrizierhäusern und rund **40 Geschlechtertürmen** (befestigte Wohn- und Streittürme des Stadtadels, wie sie nördlich der Alpen nur in Regensburg und Metz erhalten sind) zählt zu den Glanzleistungen der Städtebaukunst nördlich der Alpen. Sie liegt auf dem Südufer der Donau und ist mit der Siedlung Stadtamhof auf dem Nordufer durch die 16-bogige **Steinerne Brücke** verbunden; die 1146 vollendete, 300 m lange Pfeilerbrücke galt als technisches Wunder, es war die erste Steinbrücke in Deutschland seit dem Abzug der Römer; der **Brückentorturm** über dem Südpfeiler wurde 1300 erbaut. Ein weiterer Stadtzugang war bis ins 17. Jh. die etwa gleichzeitig wie die Porta Nigra in Trier errichtete **Porta Praetoria**, eines der wenigen erhaltenen Römertore in Deutschland. Die altstadtbildprägende Doppelturmsilhouette des ab 1250 nach dem Vorbild französischer gotischer Kathedralen errichteten **Doms Sankt Peter** ist wie in Köln eine Schöpfung des 19. Jh.: 1859–69 erhielt der Dom unter Lei-

tung von Franz Joseph Denzinger die Oktogongeschosse und die durchbrochenen Turmhelme, nach dem Ausbau der Querhausgiebel war der Dom 1872 vollendet. In der frühgotischen ehemaligen Dompfarrkirche **Sankt Ulrich** (1225–40) neben dem Dom ist das **Diözesanmuseum** untergebracht; es zeigt Skulpturen, Gemälde, Goldschmiede- u. a. Sakralkunst des 11.–20. Jahrhunderts. Nördlich schließt an den Dom der ehemalige **Bischofshof** (ehemalige bischöfliche Residenz) mit dem **Domschatzmuseum** an. Die katholische Dompfarrkirche **Niedermünster** (um 1150 auf Vorgängerbau) war die Kirche des Damenstifts Niedermünster, einer der

Einst ein technisches Wunder: die steinerne Brücke in Regensburg.

reichsten Reichsstifte überhaupt; die Frauen waren nicht zu Besitzlosigkeit und – mit Ausnahme der Äbtissin – nicht zum Zölibat verpflichtet; im 17./18. Jh. wurde die Kirche barockisiert. Als wichtigster süddeutscher Kirchenbau aus vorkarolingischer und frühromanischer Zeit gilt die ab dem 8. Jh. errichtete Kirche des ehemaligen Benediktiner-Reichsstifts **Sankt Emmeram** mit ihren drei Krypten (8., 10. und 11. Jh.); bis zur Säkularisation diente sie Königen, Herzögen und Äbten als Grablege, 1731–33 wurde ihr Inneres von den Brüdern Asam und Johann Michael Prunner barockisiert. Die Klostergebäude von Sankt Emmeram wurden ab 1812 zum **Schloss Thurn und Taxis** umgebaut (darin das **Schlossmuseum** und das **Marstallmuseum**). Die romanische **Schottenkirche Sankt Jakob** (1150–84 auf Vorgängerbau) war die Mutterkirche aller Schottenklöster in Deutschland. Das mehrflügelige **Alte Rathaus** (13.–18. Jh.) mit dem Reichssaal (1408) ist eines der ältesten erhaltenen Rathäuser Süddeutschlands; es enthält u. a. das **Reichstagsmuseum**. Das **Museum der Stadt Regensburg** ist in der Kirche (um 1270) und in den Räumen des ehemaligen

Minoritenklosters **Sankt Salvator** untergebracht. In den Räumen des ehemaligen Württembergischen Palais (1804–06) stellt das **Naturkundemuseum Ostbayern** Sammlungen zu Geologie, Mineralogie, Paläontologie, Biologie und Urgeschichte aus. Die **Städtische Galerie** zeigt moderne Kunst, in der **Staatsgalerie** finden sich bedeutende Werke süddeutscher Malerei des 19. Jh.; beide Galerien befinden sich im **Leeren Beutel** (1597/98, 1607/08), dem ehemaligen städtischen Getreidemagazin.

Tourist-Info: Tourist-Information Regensburg, Altes Rathaus, D-93047 Regensburg, Tel. 0941-50 74 410, Fax 0941-50 74 419.

▶ RINCHNACH

Höhe: 563 m	*Karte: D 5*
Einwohner: 3 300	

Der Ferienort Rinchnach liegt im Zwieseler Winkel über dem Tal des Schwarzen Regen.

Kirche: Die von Johann Michael Fischer, einem Hauptmeister des bayerischen Spätbarock und Rokoko, 1727 in den spätgotischen Umfassungsmauern neu erbaute Kirche zeugt vom einstigen Reichtum der Propstei Rinchnach. Die 1040 der Benediktinerabtei → **Niederaltaich** unterstellte Propstei war eines der Zentren der Christianisierung und Urbarmachung des »Nordwalds«.

Sankt-Gunther-Festspiele: Die Gründung von Rinchnach erfolgte 1011 durch den später als Seligen verehrten Benediktinermönch Günther bzw. Gunther von Niederaltaich; er errichtete hier an der Rinchnach eine klösterliche Zelle und lebte darin als Einsiedler. 1019 weihte Bischof Berengar von Regensburg ein dazugehöriges Bethaus als Kirche. Als Gunther, der oft bei Kämpfen zwischen Böhmen und Deutschen vermittelte, 1045 starb, ließ Herzog Břetislav I. von Böhmen die Leiche nach Břevnov überführen; danach genoss Gunther im Böhmerwald rege Verehrung. Die legendäre Vita des Ortspatrons wird im Vier-Jahres-Turnus im Rahmen der Sankt-Gunther-Festspiele (letztes Juniwochenende) auf der Rinchnacher Freilichtbühne in Szene gesetzt.

Frauenbrünnl: Das Frauenbrünnl ist ein Wallfahrtsort auf einem Hügel östlich von Rinchnach bei Kohlau; das Kirchlein gilt als eine der ältesten Kapellen im Bayerischen Wald.

Tourist-Info: Tourist-Information Rinchnach, Gehmannsberger Straße 12, D-94269 Rinchnach, Tel. 09921-58 78, Fax 09921-68 63.

▶ RINGELAI

| Höhe: 406 m | Karte: E 5/6 |
| Einwohner: 2100 | Wanderung 12 |

Der Erholungsort Ringelai liegt südlich des Nationalparks Bayerischer Wald im Tal der Wolfsteiner Ohe, die hier in der **Buchberger Leite** eines der wildesten Schluchttäler des Bayerischen Walds geschaffen hat. Zu den zahlreichen sehenswerten Ausflugszielen zählen neben der Buchberger Leite der aussichtsreiche **Frauenstein**, auf dem die Muttergottes gekniet haben soll, wobei sich ihre Knie in einen Stein eindrückten, und der ebenso legendenumwobene **Geistliche Stein**. Dem Thema »Hexen« gewidmet sind in Ringelai das **Hexenmuseum** und der **Hexenpfad**, außerdem gibt es einen **Kräutergarten**, den **Kreisobstlehrgarten** und einen **archäologisch-landwirtschaftlichen Lehrpfad**.

Tourist-Info: Tourist-Information Ringelai, Pfarrer-Kainz-Straße 6, D-94160 Ringelai, Tel. 08555-96 14 11, Fax 08555-96 14 18.

▶ SALDENBURG

| Höhe: 450 m | Karte: D/E 6 |
| Einwohner: 2100 | |

Der Wackelstein bei Solla zählt zu den »Naturwundern« im Saldenburger Granit.

Die Gemeinde Saldenburg liegt im »Dreiburgenland« im südlichen Bayerischen Wald nordwestlich der → **Ilzleiten**.

Dreiburgenland: Namensgebende Burg ist die als Jugendherberge genutzte **Saldenburg**, die 1386 auf einem felsigen Höhenrücken zur Überwachung der nach Böhmen führenden Salzhandelsstraße erbaut wurde.

Sie ist die am weitesten nördlich gelegene der drei Burgen, die diesem Waldgebiet den Touristiknamen »Dreiburgenland« eingetragen haben: Bei Tittling steht in eindrucksvoller Höhenlage die **Englburg**, noch weiter südlich zeigt sich Burg **Fürstenstein**. Während Englburg und Fürstenstein als Erziehungsinstitute der Englischen Fräulein nicht öffentlich zugänglich sind, ist das → **Museumsdorf Bayerischer Wald** bei Tittling in der Nähe des auch als Badesee zugänglichen **Dreiburgensees** eine der meistbesuchten Sehenswürdigkeiten im Bayerischen Wald.

Saldenburger Granit: Geologisch ist Saldenburg Namensgeber des Saldenburger Granits, eines 10x15 km großen Granitstocks, an den

Zu den meistbesuchten Felsdenkmälern im Saldenburger Granit zählt der **Wackelstein bei Solla** auf einem »Zigeunerberg« genannten Rücken zwischen Entschenreuth und Loh in der Gemeinde Thurmannsbang. Dieser rund 50 Tonnen schwere, glatt geschliffene Block liegt einem leicht gewölbten Felspodium auf und lässt sich mit der Hand hin und her wackeln, wenn man den »Zauberpunkt« kennt. Wie alle Wackelsteine ist er derart positioniert, dass er ungeachtet seines Gewichts durch ein leichtes Drücken an der richtigen Stelle ins Schaukeln gebracht werden kann. Die Wissenschaft erklärt dieses Phänomen als Laune der Natur: Durch chemische und mechanische Verwitterung sei im Verlauf der Jahrtausende die eigenartige »Wackel«-Position entstanden, die bei fortschreitender Verwitterung wieder verschwinden werde. Da sich Wackelsteine stets an oder in der Nähe alter Kultstätten befinden – im Hang südlich des Wackelsteins befindet sich das ausgeschilderte Steinerne Kichlein –, wird auch behauptet, solche Steine seien mit dem technischen Know-how der Jungsteinzeit zu kultischen Zwecken bewusst als »Wiegesteine« modelliert worden. Ein weiterer berühmter Wackelstein ist der Viklan am Bärensteig (→ **Wanderung 3**)

sich im Süden der noch härtere und widerstandsfähigere, feinkörnige Tittlinger Granit anschließt. Die Landschaft dieses granitenen »Dreiburgenlandes« unterscheidet sich deutlich von den umgebenden Gneisgebieten; am augenfälligsten sind die bizarren Felsformationen mit ihrer charakteristischen Wollsackverwitterung, wie sie erst wieder am → **Dreisesselberg** oder im → **Falkensteiner Vorwald** zu beobachten ist. Der **Diebstein** bei Saldenburg, der **Drei-Schalen-Stein** auf der Rückseite des Saldenburger Burgbergs, der **Höhenberg** östlich des Dreiburgensees und der **Hohe Stein** bei Fürstenstein sind eindrucksvolle Beispiele für diese malerischen Felsformationen, deren bekannteste der **Wackelstein** bei Solla ist.

Sankt Brigida: Die spätgotische Pfarrkirche Sankt Brigida (15. Jh.) in Saldenburg-Preying steht auf einem aussichtsreichen Hügel zwischen dem **Auggenthal** und dem Disen- oder **Dießenstein**; weit schweift der Blick über das tief eingeschnittene Tal der Ilz hinweg auf die Berge des Bayerischen Walds. Die Zwiebelhaube erhielt der 1753 erhöhte Turm zur Zeit des Rokoko, auch die dem gotischen Inneren feinfühlig angepasste Rokokoausstattung stammt aus dem 17./18. Jh. Beachtenswert sind die Gemälde (1779) der Seitenaltäre von Johann Georg Ainstandt: Am Nordaltar Maria und das Christuskind, den Drachen besiegend; am Südaltar Margareta, die wie Maria den Teufel in Gestalt eines Drachen besiegt. Die Figur der Anna Selbdritt am Südaltar stammt aus der Zeit um 1520.

Tourist-Info: Gemeinde Saldenburg, Seldenstraße 30, D-94163 Saldenburg, Tel. 08504-91 23 12, Fax 08504-91 23 30.

▶ SANKT HERMANN BEI BISCHOFSMAIS

Höhe: 700 m   *Karte: D 5*

Die Quellkirche Sankt Hermann, die älteste Wallfahrtsstätte des Bayerischen Walds, liegt in einem abgeschiedenen Wiesental am Fuß der Breitenau bei → **Bischofsmais**. Das eindrucksvolle Barockensemble umfasst die Brunnenkapelle (1611) über der Hermannsquelle, die Wallfahrtskirche Sankt Hermann (1653/54, erneuert 1751/1844) und die Einsiedelei-Kapelle (1690 errichtet auf älteren Fundamenten) mit der Hermannszelle; in der Hermannszelle befinden sich Votivgaben in Form von Gliedmaßen. Die Legende berichtet, dass der Einsiedler Gunther von → **Niederaltaich**, der Gründer des Klosters → **Rinchnach**, hier im Jahr 1011 ein Kreuz aufgerichtet habe, doch erst dem Niederaltaicher Benediktiner Hermann von Heidelberg sei es ge-

Totenbretter vor dem Kirchhof von Sankt Hermann bei Bischofsmais.

lungen, den Ort zur Wallfahrtsstätte zu machen, als er hier 1322 dem Boden eine wundertätige Quelle entlockte. 1611 wurde das Quellheiligtum mit der jetzigen Brunnenquelle überbaut. Der Andrang der Pilger war so groß, dass bereits 1653/54 direkt daneben die große Wallfahrtskirche gebaut wurde. Nach der Überbauung der Quelle, die auch heute nicht mehr sichtbar ist, wandte sich die Verehrung der Gläubigen dem seligen »Hirmo« zu, der besonders bei Fußleiden und »Leibschäden« sowie bei Viehkrankheiten angerufen wurde. Zum Dank brachten die Wallfahrer hölzerne, wächserne und silberne Nachbildungen geheilter Körperteile mit. Um die Vielzahl dieser Votivgaben unterbringen zu können, wurde an die alte Kapelle eine Kammer angebaut: In dieser **Zelle des seligen Hirmo** stapeln sich Füße, Hände, Arme, Beine, Köpfe usw. bis unter die Decke. Hauptwallfahrtstage sind der 10. und der 24. August.

Tourist-Info: Verkehrsamt Bischofsmais, Postfach 47, D-94253 Bischofsmais, Tel. 09920-94 04 44, Fax 09920-94 04 40.

▶ SPIEGELAU

Höhe: 759 m   *Karte: E 5*
Einwohner: 1400

Der **Erholungs- und Wintersportort** Spiegelau liegt am Südfuß des → **Rachelmassivs** am Rand des Nationalparks Bayerischer Wald. Die Glasherstellung hat die Ortsgeschichte wesentlich geprägt, die erste

Glashütte wurde 1530 errichtet. Bis heute hat in Spiegelau eine Kristallglasfabrik ihren Sitz. Zu den bedeutendsten Veranstaltungen zählen die Glashüttenfeste und – am dritten Juliwochenende – das Pandurenfest.

Tourist-Info: Verkehrsamt Spiegelau, Hauptstraße 30, D-94518 Spiegelau, Tel. 08553-96 00 17, Fax 08553-96 00 42.

▶ VYŠŠÍ BROD [HOHENFURTH]

Höhe: 560 m	Karte: H 6/7
Einwohner: 2800	Wanderung 1

Die Stadt Vyšší Brod liegt unterhalb der Moldauschlucht am Südostrand des Böhmerwalds im Grenzgebiet zu Österreich.

Kloster Hohenfurth: Das 1259 gegründete Zisterzienserkloster Hohenfurth war jahrhundertelang eines der berühmtesten Kunst- und Kulturzentren Böhmens und zugleich einer der meistbesuchten Wallfahrtsorte des Landes. Das heute wieder von Zisterziensern bewohnte Kloster wurde Anfang des 15. Jh. befestigt und hielt 1422 der Belagerung durch die Hussiten stand, so dass die gotische Anlage mit der dreischiffigen **Klosterkirche Mariä Himmelfahrt** (1292–1380), dem kreuzrippengewölbten Kapitelsaal (1300), dem **Kreuzgang** (14. Jh.) dem **Refektorium** (mit gotischer Rosette) und dem **Dormitorium** (1385, darunter eine original eingerichtete gotische Mönchszelle) im Wesentlichen erhalten ist. Zum teils musealen, teils als von den Mönchen genutzten Klosterbezirk gehören ferner die 1757 gegründete, mehr als 70 000 Bände umfassende **Bibliothek**, eine **Gemäldegalerie**, der **Paradiesgarten** (Klostergarten) und ein **Postmuseum**.

Hohenfurther Malerei: Die Gemäldegalerie und eine Kopie des Hohenfurther Gnadenbildes (in der Klosterkirche) vermitteln einen Eindruck von der Zeit, als Kloster Hohenfurth einige der bedeutendsten Maler der Gotik in Prag finanzieren konnte. Aus der Klosterkirche stammen die noch neun erhaltenen Tafeln des gotischen **Hohenfurther Passionsaltars** (um 1350, heute Prag, Národní Galerie), eines der Meisterwerke der Böhmischen Malerschule. In ihnen führte ein anonymer Meister den mimisch lebhaften, schönlinigen, auf elegante und zierliche Figuren und Gewandungen bedachten Stil der am Hof Kaiser Karls IV. entstandenen Böhmischen Malerschule zum Höhepunkt; die den Passionszyklus illustrierenden Tafeln bildeten ursprünglich eine Schauwand in der Art byzantinischer Ikonostasen. Ein ebenfalls namentlich nicht bekannter Meister schuf um 1420 das

Tipp

Moldaufahrten: Das Kloster in Vyšší Brod organisiert Ausflugsfahrten moldauabwärts in die Stadt **Český Krumlov** [Krumau], deren historische Altstadt als Weltkulturerbe unter dem Schutz der Unesco steht. Außerdem gibt es in Vyšší Brod einen **Kanuverleih**. Am ersten Julisonntag ist die Moldau bei Vyšší Brod Schauplatz einer **Regatta** kurioser Wasserfahrzeuge.

Hohenfurther Gnadenbild (heute Prag, Národní Galerie), ein in der Tradition der hochgotischen Schönen Madonnen stehendes Halbfigurenbild der Madonna mit Kind. Ein dritter Anonymus malte nach 1430 die **Hohenfurther Kreuztragung**, so genannt nach dem Fragment eines größeren Flügelaltars, auf dem vermutlich der Passionszyklus mit der Marienlegende verbunden war; die drei erhaltenen Tafeln befinden sich heute in der Národní Galerie in Prag bzw. im Magyar Szépművészeti Múzeum in Budapest. Vor Ort sind alle genannten Hohenfurter Kunstwerke als Kopie bzw. in Repliken zu sehen.

Maria Rast: Vom Kloster führt ein Kreuzweg in 14 Stationen zur neuromanischen Kapelle **Maria Rast** [Maria Rast am Stein] (1888). Dort eine Steinkanzel, eine Quelle und das sog. Heilige Grab.

Tourist-Info: Klaster Vyšší Brod, CZ-38273 Vyšší Brod, Tel. 0337-92 392.

 WEGSCHEID

Höhe: 718 m	Karte: F 6/7
Einwohner: 5700	

Die Gemeinde Wegscheid liegt im Südosten des südlichen Bayerischen Walds an der Grenze zu Österreich.

Im Wildwassertal Bärnloch unterhalb des Eidenberger Lusen in Wegscheid.

Rannastausee: Der Rannastausee ist mit 20 ha Wasserfläche der größte **Wassersportsee** des Bayerischen Walds. Das Surf-, Tretboot- und Baderevier (mit 120 m langer Wasserrutsche) lockt an schönen Sommerwochenenden Tausende von Badegästen an. Der See liegt an der B 388 Passau – Wegscheid in unmittelbarer Nähe der Grenze. Auf österreichischer Seite gibt es bei Oberkappel ebenfalls einen Rannastausee.

Eidenberger Luessen: Der Eidenberger Luessen (733 m) mit der als Naturschutzgebiet ausgewiesenen **Bärnloch-Schlucht** an der deutsch-österreichischen Grenze ist ein bewaldeter Bergrücken mit imposanten Felsformationen. Sein Gipfelfelsen trägt ein zum → **Dreisesselberg** ausgerichtetes Bergkreuz. Im Sattel unterhalb des Gipfels steht zwischen den wollsackverwitterten Felsen eine Holzkapelle mit Hüttenbuch. Erschlossen ist der Eidenberger Luessen durch einen Wanderweg, der durch die vom Osterbach durchflossene Wildwasserschlucht des Bärnlochs führt.

Tourist-Info: Tourismusbüro Wegscheid, D-94110 Wegscheid, Tel. 08592-88 811, Fax 08592-88 840.

▶ WINDBERG

| *Höhe: 420 m* | *Karte: B/C 5* |
| *Einwohner: 900* | |

Das Klosterdorf Windberg bei → **Bogen** auf einer aussichtsreichen Kuppe in den Südausläufern des Naturparks Bayerischer Wald trägt eine der bedeutendsten romanischen Klosterkirchen Bayerns. Die um 1140 gegründete Prämonstratenserabtei steht an der Stelle der Stammburg der Grafen von Bogen, die ursprünglich Grafen von Windberg hießen, ehe sie nach der Klostergründung nach Bogen übersiedelten und sich »von Bogen« nannten. Die exponierte Lage des Windbergs hoch über dem Bogenbachtal ermöglicht einen wundervollen Blick nach Südwesten zum Bogenberg und weit in die Donauebene hinein. Im Norden steht auf einer bewaldeten Anhöhe das Wallfahrtskirchlein Heilig Kreuz mit einer Einsiedelei.

Geschichte: Der Name »Windberg« wird auf einen Einsiedler namens Winith zurückgeführt, der hier gelebt und im Ruf der Heiligkeit gestorben sein soll. Graf Albert I. ließ über seinem Grab eine Kapelle erbauen, die 1125 geweiht wurde. Unter Mitwirkung von Bischof Otto I. von Bamberg ließ Albert I. um 1140 an der Stelle der Burg ein Kloster gründen, dessen Architektur sich nach Vorgaben des Bischofs an den Bauten der Hirsauer Reformklöster orientierte. Neben dem Männerkloster wurde 1147 ein Frauenkonvent errichtet, nach dem Aussterben der Grafen von Bogen 1242 wurden die Herzöge von Bayern Vögte des Doppelklosters. 1196 wurden die Reliquien des heiligen Sabinus erworben, der neben Maria zweiter Patron wurde. Der Sabinusaltar (1756) des Straubinger Rokokobildhauers Mathias Obermayr zeigt eine der bekanntesten Szenen aus der Legende des mittelitalienischen Heiligen, der im Jahr 303 in Spoleto zu Tode gegeißelt wurde: Sabinus weigert sich während einer Gerichtsverhandlung in Assisi, Götzendienst zu leisten, und stürzt eine Jupiterstatue; dafür werden ihm die Hände abgeschlagen. Von der Säkularisation 1803 bis zur Neubesetzung durch Prämonstratenser 1923 diente die Basilika als Pfarrkirche.

Klosterkirche: Das Äußere der um 1140–1230 nach Hirsauer Bauschema errichteten Granitquaderkirche Mariä Himmelfahrt und Sankt Sabinus – einer dreischiffigen Pfeilerbasilika mit Querschiff, Nebenchören und Dreiapsidenschluss – ist nahezu unverändert im ursprünglichen Zustand erhalten; auch das Innere vermittelt trotz Veränderungen in Spätgotik, Barock und Rokoko den romanischen Charakter des Kirchenraums. Zu den Schmuckstücken zählen das Westportal und das schmale Nordportal (um 1220/30) sowie ein Taufstein (um 1230/40) auf vier Bestien.

Mühle: In der Mühle von Apoig unterhalb des Klosterdorfs soll 1753 der Mühlhiasl geboren worden sein, ein bayerischer Nostradamus, dessen Endzeitvisionen weit verbreitet waren. In Erinnerung an diesen Wahrsager, von dem auch behauptet wird, er habe nie existiert, wurde in der Oberen Klostermühle von Windberg, in der der Mühlhiasl einige Jahre gelebt haben soll, eine »Mühlhiasl-Kammer« eingerichtet.

Tourist-Info: Verwaltungsgemeinschaft Windberg, Sollacher Straße 4, D-94336 Hunderdorf, Tel. 09422-911, Fax 09422-54 48.

▶ ŽELEZNÁ RUDA [MARKT EISENSTEIN]

Höhe: 774 m	Karte: D4
Einwohner: 1500	Wanderungen 18, 19, 22

Der **Erholungs- und Wintersportort** Železná Ruda im Hochtal des Großen Regen [Režná] am Grenzübergang zu → **Bayerisch Eisenstein** ist das bedeutendste Touristikzentrum im nördlichen Böhmerwald. Überragt wird der alte Eisenerzbergbau- und Glashüttenort vom **Pancíř** [Panzerberg] (1213 m), dessen Panoramagipfel per Sessellift erreichbar ist. Der Gipfel des Pancíř trägt einen Aussichtsturm sowie das höchstgelegene Unterkunftshaus Westböhmens. Wahrzeichen von Železná Ruda ist die sternförmige Maria-Hilf-Kirche (1727–32) mit der Zwiebelkuppel.

Geschichte: Bis 1809 gehörte der Ort, in dessen Umgebung schon in keltischer Zeit nach Erzen geschürft wurde, zu Bayern. Er lag am Zwieseler Weg, dem seit dem 11. Jh. nachweisbaren alten Handelsweg zwischen Bayern und Böhmen: Salz und Wolle wurden auf ihm nach Böhmen exportiert, Hauptimportware war der Hopfen. In der ersten urkundlichen Erwähnung des Orts 1697 verlieh der bayerische Kurfürst Maximilian II. Emanuel dem Grafen Heinrich Nothaft von Wernberg (Grabsteine in der Maria-Hilf-Kirche) für zehn Jahre

Freiheiten und Rechte »zur Erbauung und Wiederherstellung dieses von Alters gewesenen Bergwerks«. Bald erwies sich, dass der Bergbau im Vergleich zur Glashüttenindustrie kaum lohnte, und Eisenstein gelangte in den Besitz der Familie Hafenbrädl, die in der Umgebung mehrere Glashütten besaß. Die Zweiteilung in einen böhmischen und einen bayerischen Ort gleichen Namens begann mit dem bayerisch-österreichischen Vertrag von 1809: Die alte Siedlung Eisenstein lag nun in Böhmen, auf der bayerischen Seite der Grenze wurde Bayerisch Eisenstein gegründet.

Tourist-Info: Šumava tour, CZ-34004 Železná Ruda, Tel. 0186-97 132.

▶ ZWIESEL

Höhe: 570 m	Karte: D 4/5
Einwohner: 10 300	Wanderungen 15, 20 und 21

Die Stadt Zwiesel, Luftkurort und Zentrum der Glasindustrie im Bayerischen Wald, liegt zwischen dem → **Arber** und dem Nationalpark Bayerischer Wald am Zusammenfluss von Großem und Kleinem Regen zum Schwarzen Regen; dem Zusammenfließen (»Zwieseln«) der beiden Flüsse verdankt Zwiesel seinen Namen.

Geschichte: Zwiesel entstand als Goldwäschersiedlung an einer Mautstelle an einem der vier Goldenen Steige, den Salzstraßen, die von Passau nach Böhmen führten. Urkundlich wird Zwiesel 1255 als im Besitz des Klosters → **Rinchnach** erstmals urkundlich erwähnt, 1347 fiel die Marktsiedlung an das Kloster → **Niederaltaich**, 1602 an das Herzogtum Bayern.

Stadtbild: Der 86 m hohe Turm der neugotischen katholischen Pfarrkirche **Sankt Nikolaus** (1891–96, Johann Schott) in der Nähe des Marktplatzes überragt weithin sichtbar die Stadt, die infolge von Kriegszerstörungen und Bränden viel von ihrer historischen Substanz verloren hat. Auf halber Höhe des alten Straßenmarkts steht das klassizistische **Rathaus** (1838), in dem u. a. das **Waldmuseum** untergebracht ist. Ebenfalls am Stadtplatz befindet sich das **Spielzeugmuseum**. Das dritte bedeutende Museum ist das **Theresienthaler Glasmuseum**. Die **Bergkirche** Mariä Namen oberhalb der Stadtpfarrkirche ist ein Rokokobau von 1767. Zwiesel ist traditionelles Zentrum der Glasindustrie und Sitz des Staatl. Berufsbildungszentrums für Glas.

Tourist-Info: Kurverwaltung Zwiesel, Stadtplatz 27, D-94227 Zwiesel, Tel. 09922-13 08, Fax 09922-56 55.

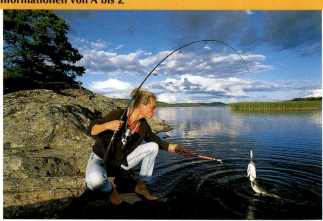

ANGELN

Sport- und Freizeitangler finden im Bayerischen und im Böhmerwald eine Vielzahl von Möglichkeiten, besonders preiswert ist der Kauf einer Angelausrüstung in Tschechien. Schonzeiten u. a. Bestimmungen für den Böhmerwald sind bei Čedok (→ **Auskunft**) zu erfragen; generell gilt, dass eine Angelkarte erworben werden muss, die zum Sportangeln in allen Revieren des Tschechischen Anglerverbands berechtigt. Die vom Tourismusverband Ostbayern herausgegebene Broschüre »Angeln in Ostbayern« enthält Informationen über die Fischarten in stehenden und fließenden Gewässern, die Bedingungen der Fischfangs, den Bezug der Angelkarte und vieles mehr. Die Broschüre kann im Internet (www.btl.de./ostbayern) oder bei folgender Adresse bestellt werden: Tourismusverband Ostbayern, Luitpoldstraße 20, D-93047 Regensburg, Tel. 0941-58 53 90, Fax 0941-58 53 93 9.

Vorherige Doppelseite: Dank guter Markierung und namentlicher Ausschilderung – wie hier auf dem Lusen – ist Verirren im Bayerischen und im Böhmerwald so gut wie unmöglich.

AN- UND EINREISE, GRENZÜBERTRITTE

Erforderlich für die Einreise in die Tschechische Republik und die Republik Österreich sind gültiger Personalausweis oder Pass. Dies gilt auch bei der Einreise zu Fuß, mit dem Rad oder auf Ski: Die Staatsgrenzen dürfen auch beim Wandern nur an den offiziellen Grenzübergängen überschritten werden.

Fuß/Fahrrad/Ski: Es gibt im Böhmerwald mehrere Grenzübergänge, die zu Fuß, mit dem Rad oder auf Ski, nicht aber mit dem Pkw überquert werden dürfen: **Dreisesselfels** – Třístoličník: Fuß, Rad (→ **Wanderung 4**). **Finsterau** – Bučina: Fuß, Rad (→ **Wanderung 10**). **Gugl-**

wald – Přední Výtoň: Fuß, Rad, Krafträder bis 50 cccm. **Großer Osser** – Osrý: Fuß (→ **Wanderungen 23 und 22**). **Gsenget** – Scheureck: Fuß, Rad. **Haidmühle** – Stožec: Fuß, Rad, Krafträder bis 50 ccm (→ **Wanderung 6**). **Plöckenstein** – Plechý: Fuß (→ **Wanderung 2**). **Schöneben** – Zadní Zvonková: Fuß, Rad, Krafträder bis 50 ccm.

Pkw: Führerschein und Fahrzeugpapiere sowie internationales Kfz-Landeskennzeichen (D, A, CH) sind in der Tschechischen Republik Pflicht, die Mitnahme der grünen Versicherungskarte wird empfohlen. Das sternumgebene »blaue« EU-Landeskennzeichen auf dem Kfz-Nummernschild wird nicht als internationales Landeskennzeichen anerkannt (Strafen bis zu 10 000 Kronen). Die Anreise in den Bayerischen Wald erfolgt über die A 3 = E 56 Regensburg – Passau – Linz oder auf der A 93 Fichtelgebirge – Weiden – Regensburg. Von der A 93 zweigt die als Autobahn noch nicht fertig gestellte, als Bundesstraße aus den Staunachrichten bekannte Europstraße 50 zum Grenzübergang **Weidhaus** und nach Plzeň ab. Ebenfalls mit längeren Wartezeiten ist an den Grenzübergängen **Furth im Wald** und **Bayerisch Eisenstein** zu rechnen. Wartezeiten von im Schnitt weniger als 15 Minuten (an Wochenenden mehr) ergeben sich hingegen am Grenzübergang **Philippsreut** auf der Strecke Passau – Plzeň.

Bahn: Die Linie Deggendorf – Bayerisch Eisenstein – Železná Ruda – Plzeň verbindet Bayerischen und Böhmerwald. Die Böhmerwald-(Dampf-)Eisenbahn verkehrt zwischen České Budějovice, Černý Kříž und Nové Udolí.

▶ APOTHEKE [LÉKÁRNA]

In den meisten tschechischen Apotheken wird auch die deutsche Sprache verstanden.

▶ ÄRZTLICHE HILFE [LÉKAŘ = ARZT]

Die Rufnummer des ärztlichen Notfalldienstes lautet in Tschechien **155**.

▶ AUSKUNFT

Čedok Reisen GmbH, Kaiserstraße 54, D-60329 Frankfurt am Main, Tel. 069-27 40 170, Fax 069-23 58 90.

Tourismusverband Ostbayern, Luitpoldstraße 20, D-93047 Regensburg, Tel. 0941-58 53 90, Fax 0941-58 53 939, Internet: http://www.btl.de./ostbayern.

Tschechisches Zentrum/České Centrum, Leipziger Straße 60, D-10117 Berlin, Tel. 030-20 44 368, Fax 030-20 44 15, Internet: http://www.czech.cz.
Tschechische Zentrale für Tourismus, Karl-Liebknecht-Straße 34, D-10178 Berlin, Tel/Fax 030-20 44 770.

▶ BANKEN / WECHSELSTUBEN

Auf tschechischer Seite der Grenze konkurrieren meist mehrere »Wechselstuben« (deutsch); es wird Deutsch gesprochen. Viele Wechselstuben haben rund um die Uhr geöffnet. Banken haben montags bis freitags von 9.00 bis 12.00 und von 13.00 bis 17.00 Uhr geöffnet. Auch wer im Rahmen von Tagesausflügen in den Böhmerwald fährt, braucht ein wenig tschechisches Geld: um die Parkplatzgebühren zu bezahlen.

▶ BENZIN UND DIESEL

Die Preise für Benzin und Diesel liegen in der Tschechischen Republik im EU-Vergleich auf niedrigem Niveau.

▶ BERGBAHNEN

Bequem mit der Sesselbahn auf Berge zu schweben und unbeschwert die Aussicht zu genießen – das ist an folgenden Bergen möglich: Die **Arberbergbahn**, ein Betrieb des Hauses Hohenzollern, besteht aus zwei unterschiedlichen Systemen, einer Sesselbahn und einer 6er Gondelbahn; Tel 09925-245. Der **Geißkopf-Sessellift** führt von → **Bischofsmais** auf den Geißkopf. Die **Hoher-Bogen-Sesselbahn** bei → **Neukirchen** beim Heiligen Blut überwindet 393 Höhenmeter und ist mit 1358 m die längste des Bayerischen Walds. Der **Pancíř-Sessellift** [sedačková lanovka] führt auf den Pancíř [Panzerberg], den aussichtsreichen Hausberg von → **Železná Ruda** [Markt Eisenstein]. Der **Silberberg-Sessellift** führt von → **Bischofsmais** auf die Bischofshaube.

▶ BERGHÄUSER

Berghäuser im Bayerischen Wald: Die (Wander-)Berghäuser werden fast alle vom Bayerischen Waldverein betrieben, Hauptgeschäftsstelle Angerstraße 39, 94227 Zwiesel, Tel. 09922-92 65. Aufgeführt sind nur Berghäuser mit Übernachtungsmöglichkeit:
Arrach: Berggasthof Eck, 93474 Arrach, Tel. 09945-13 51. **Bayerisch**

Eisenstein: Arberschutzhaus, 94252 Bayerisch Eisenstein, Tel. 09925-242. **Drachselsried:** Berggasthof Schareben, 94256 Drachselsried, Tel. 09945-1037. **Hauzenberg:** Berggasthof Gut Lichtenau, 94051 Hauzenberg, Tel. 08586-1213. Berggasthof Oberlichtenau, 94051 Hauzenberg, Tel. 08586-1403. Berggasthof Sonnenalm, Geiersberg 8, 94051 Hauzenberg, Tel. 08586-4794. **Hohenwarth:** Kötztinger Hütte, 93480 Hohenwarth, Tel. 09946-290. **Lam:** Osserschutzhaus, 93462 Lam, Tel. 09943-1351. **Lindberg:** Falkensteinschutzhaus, 94227 Lindberg, Tel. 09925-313. **Lohberg:** Mooshütte-Berggasthof, 93470 Lohberg, Tel. 09943-905030. **Neukirchen beim Heiligen Blut:** Berggasthof Schönblick, 93453 Neukirchen beim Heiligen Blut, Tel. 09947-314. Berghaus Hoher Bogen, 93453 Neukirchen beim Heiligen Blut, Tel. 09947-621. Hohenbogen-Berggasthof, 93453 Neukirchen beim Heiligen Blut, Tel. 09941-6743. **Neureichenau:** Dreisesselberghaus, 94089 Neureichenau, Tel. 08556-350. **Viechtach:** Kronberghütte, 94234 Viechtach, Tel. 09942-8132, nicht bewirtschaftet. **Waldhäuser:** Lusenschutzhaus, 94556 Waldhäuser, Tel. 08553-1212.

▶ CAMPING

Bayerischer Wald: Wer sich vorab über die Campingplätze im Bayerischen Wald genauer informieren will, fordert beim Tourismusverband Ostbayern (→ **Auskunft**) die Campingplatzbroschüre an.
Furth im Wald: Camping Einberg, D-93437 Furth im Wald, Tel. 09973-1811, Fax 09973-843050. Wiesengelände, Mittagsruhe.
Gottsdorf bei Untergriesbach: AZUR Ferienzentrum Bayerwald, Mitterweg 11, D-94107 Gottsdorf, Tel. 08593-880, Fax 08593-88111. Nahe der österreichischen Grenze, Lage am Waldrand, Mittagsruhe, 40 Chalets. **Hohenwarth:** Fritz-Berger-Comfort-Campingplatz, D-93480 Hohenwarth, Tel. 09946-367, Fax 09946-477. Wiesengelände am Weißen Regen, Mittagsruhe. **Klingenbrunn bei Spie-**

Die Campingplätze in Tschechien haben andere Standards als in Deutschland und können als urig empfunden werden.

gelau: Camping am Nationalpark, D-94518 Klingenbrunn, Tel. 08553-727, Fax 08553-6930. Hochwaldumgebenes Wiesengelände, Mittagsruhe. **Neureichenau:** KNAUS-Campingpark Lackenhäuser, D-94089 Neureichenau-Lackenhäuser, Tel. 08583-311, Fax 08583-91079. Abgeschiedene ruhige Lage im Dreiländereck, Mittagsruhe, 40 Chalets. **Rannasee:** Jugendzeltdorf am Rannasee bei Wegscheid. Info Kreisjugendring Passau, Bahnhofstraße 36, 94032 Passau, Tel. 0851-95 67 50. **Viechtach:** KNAUS Campingpark Viechtach, D-94234 Viechtach, Tel. 09942-1095, Fax 09942-902222. Mittagsruhe, 20 Chalets. Campingplatz Schnitzmühle, D-94234 Viechtach, Tel. 09942-1877, Fax 09942-5576. Wiesengelände zwischen Schwarzem Regen und Aitnach, Mittagsruhe. **Zwiesel:** AZUR Ferienzentrum Bayerischer Wald, D-94227 Zwiesel, Tel. 09922-802595, Fax 09922-802594. Wiesengelände mit Laub- und Nadelbäumen, Mittagsruhe.

Böhmerwald: Während die Campingplätze im Bayerischen Wald einen hohen Standard aufweisen, ist die Ausstattung der Campingplätze [Autokemping] im Böhmerwald recht einfach. Duschen mit Tür oder Einzelwaschkabinen sind weitgehend unbekannt. Empfehlenswert ist es, einen gefüllten Wasserkanister dabei zu haben, eine geordnete Einteilung von Stellplätzen ist die Ausnahme. Campingplätze gibt es mehrere am **Moldaustausee** (einige vermieten auch Chalets) und einen in **České Budějovice**. Auf dem Wald selbst gibt es einen Campingplatz in der Vydra-Schlucht bei Antigel (**Modrava**) und einen bei **Kvilda**.

Lipno nad Vltavou: Chalet-Ferienhaussiedlung Chatová osada Helios, CZ-38278 Lipno nad Vltavou, Tel./Fax 0337-958119; 4-Bett-Chalets mit WC, Duschnische, Balkon.

▶ DRACHENFLIEGEN UND PARAGLIDING

Der Drachenflugsport kann im Bayerischen Wald vorzüglich ausgeübt werden in Breitenberg, Rettenbach bei Falkenstein, Neukirchen beim Heiligen Blut (Gleitschirmschule am Hohen Bogen), Grainet, Grattersdorf, Hohenwarth, Konzell/Blumern, Lohberg (Osserwiese), am Pröller, Schöfweg, Untergriesbach und Waldkirchen.

▶ FESTE/FEIERTAGE

Die Feiertage sind im Bayerischen und im Böhmerwald zum Teil unterschiedlich; in Tschechien gibt es vier Nationalfeiertage. Ob an diesen Feiertagen Geschäfte geöffnet haben, ist unterschiedlich, Behörden haben dann in der Regel geschlossen.

1. Januar: Neujahr (BY und CZ)

6. Januar: Heilige Drei Könige (BY)

Rosenmontag (BY)

Faschingsdienstag (BY)

Karfreitag (BY)

Ostermontag (BY und CZ)

1. Mai: Maifeiertag/Tag der Arbeit (BY und CZ)

8. Mai: Tag der Befreiung vom Nationalsozialismus 1945 (tschechischer Nationalfeiertag)

Christi Himmelfahrt (BY, 40 Tage nach Ostern)

Pfingstmontag (BY)

Fronleichnam (BY)

5. Juli: Tag der Slawenapostel Kyrillos und Methodios (tschechischer Nationalfeiertag)

6. Juli: Gedenktag anlässlich der Verbrennung des Reformators Jan Hus 1415 (tschechischer Nationalfeiertag)

15. August: Mariä Himmelfahrt (BY)

3. Oktober: Tag der deutschen Einheit (Nationalfeiertag der BRD)

Kirchweihmontag = 3. Montag im Oktober (BY)

28. Oktober: Jahrestag der Gründung der ersten tschechoslowakischen Republik 1918 (tschechischer Nationalfeiertag)

1. November: Allerheiligen (BY)

25. Dezember: 1. Weihnachtstag (BY und CZ)

26. Dezember: 2. Weihnachtstag (BY und CZ)

▶ GELD

Zahlungsmittel in der Tschechischen Republik ist die Tschechische Krone (Kč) à 100 Heller (h = haleru). Das durchschnittliche Jahreseinkommen in der Tschechischen Republik liegt bei 3150 US-Dollar, was einem Monatsverdienst von rund 500 DM entspricht; dementsprechend niedrig sind die Preise für Güter des täglichen Lebens.

▶ GLAS

Ab dem ausgehenden 17. Jh. zählte Glas zu den Spitzenprodukten des Bayerischen und Böhmerwalds, böhmisches Glas wurde zum Synonym für vollendete Glasmacherkunst. Im 14. Jh. entstanden in den waldreichen Gebieten des Bayerischen und Böhmerwalds die ersten Glashütten, auf böhmischer Seite ist der erste Glasmeister namentlich bekannt: Konrad von Nýrsko arbeitete für den Prager Hof Kaisers Karls IV., die Ausfuhr böhmischer Glasperlen ist bereits für die Zeit um 1430 belegt.

> **Tipp**
>
> Mehrere Museen erinnern vor allem im Bayerischen Wald an das Glashüttenwesen, so das **Glasmuseum in Frauenau** und das **Theresienthaler Glasmuseum** in Zwiesel; das bedeutendste ist das **Passauer Glasmuseum**, in dem 30 000 Exponate die Geschichte des böhmischen Glases dokumentieren.

Mit dem Glashüttenwesen ging eine weitflächige Vernichtung des Walds einher, die kaliumreichen Buchen wurden niedergebrannt, um als Pottasche Verwendung zu finden, Quarz (→ **Pfahl**) und Kalkgestein wurden abgebaut, und waren die Wälder ausgebrannt, so wurden neue Glashütten weiter oben gegründet.

Mehr als 60 Glashütten entstanden in der Folgezeit im Bayerischen Wald, im Böhmerwald waren es mehr als 160; nahezu alle Ortsnamen auf -hütte [-huta] signalisieren, dass die Ortsgründung durch die Anlage einer Glashütte erfolgte. Gearbeitet wurde meist mit reinem farblosem **Kristallglas**; durch Zusatz von Kalk (**Kreideglas**) wurden die Reinheit und Klarheit dieses bleifreien Glases erreicht. Im 18. Jh. fand der **Glasschnitt** Eingang in die Produktion: Mit Hilfe eines rotierenden Kupferrädchens wurden in das Glas Ornamente und bildliche Szenen geschnitten, die ursprünglich matt sind, aber blank poliert werden können. Die Ornamentik des beginnenden 18. Jh., das Laub- und Bandelwerk, war besonders geeignet für den Glaschnitt, der die nun oft manufakturistisch betriebene Glasherstellung beherrschte und seine höchste Vollendung in Böhmen (und Schlesien) erreichte. Ab dem ausgehenden 18. Jh. wurde auch der gröbere **Glasschliff** verwendet: das Glattschleifen der Oberfläche des Glases durch rotierende Schleifscheiben.

Das um 1680 in England erfundene **Bleikristallglas** fand im 18. Jh. ebenfalls Eingang in die bayerische und böhmische Glasherstellung: Durch einen Zusatz von Bleioxyd (mind. 24%) erhält das Glas mehr Glanz und Durchsichtigkeit. Mit der industriellen Revolution geriet die handwerkliche Glasindustrie im Bayerischen und im Böhmerwald in eine schwere Krise, da billige Massenware handwerkliche Spitzenerzeugnisse verdrängte. Erst im Jugendstil bahnte sich eine Neuentwicklung an.

▶ GOLF

Im Bayerischen Wald wurden mehrere erstklassige Golfanlagen angelegt:

Furth im Wald, 9-Loch, Tel. 09973-20 89. **Jandelsbrunn**, 18-Loch. **Kellberg**, 18-Loch, Tel. 08501-13 13. **Kirchroth**, 18-Loch, Tel. 09428-89 60. **Lallinger Winkel**, 9-Loch, Tel. 09904-374. **Lindberg-Oberzwieselau**, 18-Loch, Tel. 09922-23 67. **Waldkirchen**, 9-Loch, Tel. 08581-1040.

Hinzu kommen die Golf-Driving-Range in **Bodenmais** (Hotel Mooshof), zwei 9-Loch-Landschafts-Golfanlagen in **Rotz** (Hotel Wutzschleife) und eine 18-Loch-Public-Anlage in **Lam**.

Golfschulen finden sich in **Schaufling, Furth im Wald, Kellberg-Thyrnau, Lalling, Lindberg** und **Waldkirchen**.

▶ HOTELS/RESTAURANTS

Böhmerwald:

Das 1920 gegründete Reisebüro Čedok ist der älteste Reiseveranstalter der Tschechischen Republik mit fast monopolartiger Stellung; Čedok hat im Böhmerwald zahlreiche Vertragshotels, die über Čedok (→ Auskunft) gebucht werden können.

Blažejovice (bei Volary): Autocamp-Hotel Blanický Mlýn, Tel. 0338-95 152; mit Weinstube. **Frymburk:** Hotel Maxant, Sdružení Rod. Semšová, 38279 Frymburk, Tel./Fax 0337-95 229. **Kašperské Hory:** Pension Cikánka, 34192 Kašperské Hory, Vimperská 57, Tel. 9187-92 23 78. **Klatovy:** Hotel Central, Zimmer mit Bad/WC und Telefon, Buchung über Čedok. **Klatovy:** Hotel Ennius, 26 stilvoll eingerichtete Zimmer in einem historischen Gebäude, mit Dusche/WC, TV, Telefon, Buchung über Čedok. **Lenora:** Hotel Lenora, Tel. 0339-98 856. **Lipno nad Vltavou:** Hotel Lipenka, 38278 Lipno nad Vltavou, Tel./Fax 0337-95 81 61. **Loučovice:** Hotel Kilián, 78276 Loučovice, Tel./Fax 0337-92 82 23; Appartements und Zimmer mit Bad und WC. **Plzeň:** Hotel Continental, im historischen Stadtzentrum, Buchung über Čedok. Hotel Victoria, Zimmer mit Bad oder Dusche/WC, Buchung über Čedok. **Prachatice:** Hostinec U Nusků, Libínské Sedlo 78, Tel. 0338- 23 580; Spezialität Klobasse-Schnitzel à la nature. **Rejštejn:** Hotel Radešov, Radešov 6, 34194 Rejštejn, Tel. 0187-92 851. **Rětenice:** Hotel de Luxe Rosa, Tel./Fax 0339-93 128; Schwimmbad, Sauna, Zimmer mit Telefon und TV. **Srní:** Hotel Šumava, 34194 Srní 4, Tel. 0187-922 23, Fax 0187-922 23; Zimmer mit Bad, Balkon, TV.

Stachy bei Kašperské Hory: Hotel Churáňov, Zadov 13, 38473 Stachy, Tel. 0339-931 07, Fax 0339-931 85; Zimmer mit Dusche, WC. Hotel Zadov, Zadov 350, 38473 Stachy, Tel. 0339-931 87, Fax 0339-931 88. Chata na Losenici, 38473 Stachy, Tel. 0339-936 55, Zimmer mit Bad und WC. **Stožec:** Hotel Pstruh, Tel. 0338-971 66; Fischgerichte und Wildpret. Hotel-Restaurant U Mauritzů, Tel. 0338-971 66; auch Diätkost. **Vimperk:** Ingo Hotel Arnika, Kubova Huť, Tel. 0339-987 26; Hallenbad, Sauna, Tennisplätze. **Volary:** Hotel Bobík, Tel. 0338-923 51. **Záblatí** bei Prachatice: Hotel Saturn, Křišťanovice 12, Tel. 0338-951 84. **Zbytiny:** Hotel Arnoštov, Arnoštov 32, 38441 Zbytiny, Tel. 0338-950 47.

Bayerischer Wald:

Arnschwang: Landgasthaus-Hotel Brunner Hof, Kirchgasse 13, 93473 Arnschwang, Tel. 09977-257, Fax 09977-83 56. **Auerbach:** Berggasthof Straßer, Dorfstraße 5a Engolling, 94530 Auerbach, Tel. 09901-63 49. **Bernried:** Hotel Bernrieder Hof, Bogener Straße 9, 94505 Bernried, Tel. 09905-740 90, Fax 09905-84 00. Hotel Reblinger Hof, Rebling, 94505 Bernried, Tel. 09905-555, Fax 09905-18 39. Posthotel Bernried, Bayerwaldstraße 13, 94505 Bernried, Tel. 09905-740 20, Fax 09905-74 02 33. **Bodenmais:** ***Hotel Hofbräuhaus, Marktplatz 5, 94249 Bodenmais, Tel. 09924-77 70, Fax 09924-77 72 00. Kur-Sporthotel Neue Post, Kötztinger Straße 25, 94249 Bodenmais, Tel. 09924-95 80, Fax 09924-95 81 00. ***Wald- und Sporthotel Riederin, Riederin 1, 94249 Bodenmais, Tel. 09924-77 60, Fax 09924-73 37. **Büchlberg:** Hotel Binder, Freihofer Straße 6, 94124 Büchlberg, Tel. 08505-90 070, Fax 08505-90 07 99. **Cham:** ****Hotel Randsberger Hof, Randsbergerhofstraße 15-19, 93413 Cham, Tel. 09971-12 66, Fax 09971-20 299. **Frauenau:** ***Hotel Sankt Florian, Althüttenstraße 22, 94258 Frauenau, Tel. 09926-95 20, Fax 09926-82 66. **Furth im Wald:** Hotel Hohenbogen, Bahnhofstraße 25, 90437 Furth im Wald, Tel. 09973-15 02, Fax 09973-15 09. **Grafenau:** ***Hotel Hubertus, Grüb 20, 94481 Grafenau, Tel. 08552-96 490, Fax 08552-52 65. ****Sporthotel Sonnenhof, Sonnenstraße 12, 94481 Grafenau, Tel. 08852-44 80. Fax 08552-46 80. **Hauzenberg:** ***Landhotel Rosenberger, Penzenstadl 31, 94051 Hauzenberg, Tel. 08586-97 00, Fax 08586-55 63. **Hohenau:** ****Romantik-Hotel Die Bierhütte, Bierhütte Nr. 10, 94545 Hohenau, Tel. 08558-96120, Fax 08558-961270, Internet http://www.romantikhotels.com **Lalling:** Hotel-Gasthof Lallinger Hof, Hauptstraße 23,

94551 Lalling, Tel. 09904-234, Fax 09904-74 44, Internet http://www.bnv.regen.de/home/rlallinger. Landhaus Jakob, Gerholling, 142, 94551 Lalling, Tel. 09904-380, Internet http://www.bnv.regen.de/home/mjakob. **Lam:** Ferienhotel Bayerwald, Arberstraße, 93462 Lam, Tel. 09943-95 30, Fax 09943-8366. Gasthof Söll´n, Neukirchener Straße 1-2, 93462 Lam, Tel. 09943-13 67, Fax 09943-81 52. Gasthof-Metzgerei Stöberl, Rosengasse 1, 93462 Lam, Tel. 09943-94 170, Fax 09943-94 17 44. **Passau:** ***Hotel am Jesuitenschlössl, Kapuzinerstraße 32, 94032 Passau, Tel. 0851-38 64 01, Fax 0851-38 64 04, Internet http://www.inct-nb.de/touristhotel. ****Hotel Weißer Hase, Ludwigstraße 23, 94032 Passau, Tel. 0851-92 110, Fax 0851-92 11 100. **Rattenberg:** ****Hotel Pension Anleitner, Gneißen 5, 94371 Rattenberg, Tel. 09963-94 110, Fax 09963-94 11 94. Posthotel Bayerwald, Dorfplatz 2, 94371 Rattenberg, Tel. 09963-95 00, Fax 09963-95 022. **Regensburg:** ****Hotel Bischofshof, Krauterermarkt 3, 93047 Regensburg, Tel. 0941-

59 086, Fax 0941-53 508. ***Hotel Münchner Hof, Tändlergasse 9, 93047 Regensburg, Tel. 0941-58 440, Fax 0941-56 17 09. **Rimbach:** Hotel Ulrichshof, Zettisch 42, 93485 Rimbach, Tel. 09977-95 00, Fax 09977-16 64, Internet http://www.ulrichshof.com. **Rötz:** *****Hotel Die Wutzschleife, Hillstett 40, 92444 Rötz, Tel. 09976-180, Fax 09976-18 180. **Sankt Englmar:** Apart-Hotel Predigtstuhl, Am Predigtstuhl 2, 94379 Sankt Englmar, Tel. 09965-981, Fax 09965-14 65, Internet http://www.bayerwald.com. ****Hotel Angerhof, Am Anger 38, 94379 Sankt Englmar, Tel. 09965-18 60, Fax 09965-18 619. ****Hotel Gut Schmelmerhof, Rettenbach 24, 94379 Sankt Englmar, Tel. 09965-18 90, Fax 09965-18 91 40. ****Kur- und Berghotel Maibrunn, Maibrunn 1, 94379 Sankt Englmar, Tel. 09965-85 00, Fax 09965-85 01 00. **Thyrnau:** ****Parkschlössl zu Thyrnau, Hundsdorf 20 a, 94136 Thyrnau, Tel. 08501-92 20, Fax 08501-92 21 23. **Viechtach:** ****Burghotel Neunussberg, Neunussberg 35, 94234 Viechtach, Tel. 09942-80 50, Fax 09942-80 52 00. ****Hotel Schmaus Ringhotel Viechtach, Stadtplatz 5, 94234 Viechtach, Tel. 09942-94 160, Fax 09942-94 16 30. **Waldkirchen:** ***Familien- & Sporthotel Reutmühle, Frauenwaldstraße 7, 94065 Waldkirchen,

Tel. 08581-20 30, Fax 08581-20 31 70. **Zandt:** Hotel Früchtl, Kirch-platz 1, 93499 Zandt, Tel. 09944-844, Fax 09944-29 76, Internet http://www.fruechtl.de.

▶ INTERNETADRESSEN

Arber: http://www.arber.de. **Bayerischer Wald:** http://www.bayeri-scher-wald.de. **Passau:** http://www.passau.de. **Tourismusverband Ostbayern:** http://www.btl.de./ostbayern. **Tschechisches Zentrum:** http://www.czech.cz

▶ JUGENDHERBERGEN

Die Liste der Jugendherbergen im Bayerischen Wald ist beim Touris-musverband Ostbayern erhältlich (→ **Auskunft**).

▶ KANUFAHRTEN

Bayerischer und Böhmerwald sind viel besuchte Wasserwanderge-biete.

Moldau: Die Warme Moldau und die Moldau bis hin zum Moldau-stausee sind die Wasserwanderwege des Böhmerwalds; es gibt meh-rere Stellen, an denen Wasserfahrzeuge ausgeliehen werden können. **Regen:** Auf dem Regen wurde zwischen Blaibacher See und Regens-burg ein Kanuwanderweg eingerichtet, zu dem der Tourismusver-band Ostbayern (→ **Auskunft**) den Prospekt »Bootwandern im Natur-park Oberer Bayerischer Wald« herausgegeben hat. **Ilz:** Auf der Ilz bei Tittling findet alljährlich die Internationale Bayerwald-Wildwas-serregatta statt (→ **Ilzleiten**).

▶ KARTENMATERIAL

Bayerischer Wald: Die staatlichen topografischen Karten für den Bayerischen Wald werden vom Bayerischen Landesvermessungsamt in München herausgegeben und können in jeder Buchhandlung be-stellt werden: **Topografische Karte 1:25 000**, Blatt UK 3: National-park Bayerischer Wald / UK L9: Naturpark Bayerischer Wald / Blatt UK L 20: Naturpark Oberer Bayerischer Wald / Blatt UK L 27: Südli-cher Bayerischer Wald.

Böhmerwald: Für den Böhmerwald und das bayerisch-böhmische Grenzgebiet sind die Wander-, Radwander- und Skiwanderkarten, die der Klub Českých Turistů im Maßstab 1:50 000 herausgibt, von Qualität und Aktualität her konkurrenzlos. Die erstaunlich preiswerten Karten können in Buchhandlungen, an einigen Wechselstuben und bei einigen Kiosks an gebührenpflichtigen Wanderparkplätzen gekauft werden. Folgende Karten decken den gesamten Böhmerwald ab: **Turistická Mapa 1:50 000**, Blatt 64: Šumava Železnorudsko / Blatt 65: Šumava Povydří / Blatt 66: Šumava Trojmezí / Blatt 67: Šumava Lipno / Blatt 69: Pošumaví Vimpersko / Blatt 70: Pošumaví Prachaticko.

▶ KLETTERN

Offizielle Klettergebiete im Bayerischen Wald sind die Rauchröhren am Großen Riedelstein auf dem Kaitersberg (→ **Wanderung 25**) und der Klettergarten Ruderting an der Ilz.

▶ MÄRKTE

Die »Markt« genannten Dumpingpreis-Verkaufsareale auf böhmischer Seite in Grenznähe längs der Hauptverkehrsadern erfreuen

sich eines unglaublichen Zuspruchs (Reisebusse), da hier Markenartikel und Souvenirs zu Niedrigstpreisen gekauft werden können: Glaswaren, Zigaretten, Alkoholika, Freizeitbekleidung, Räucherwaren (Selchfleisch), Keramik, Uhren, Gartenzwerge u.a. Das freundliche Verkaufspersonal ist vietnamesisch und spricht gut Deutsch; bezahlt und herausgegeben wird in DM. Wie lange diese Grauzone, in der sich die Vietnamesen-Märkte bewegen, noch bestehen wird, ist

fraglich. Warum hier Marken-Jeans, die im Westen 150 bis 200,- DM kosten, für 30,- DM über den Tisch gehen, ist ein Rätsel. Die Grenzbeamten kontrollieren vor allem auf Alkoholika und Zigaretten.

▶ MOUNTAINBIKING

In den Nationalparks Bayerischer Wald und Šumava ist Mountainbiking prinzipiell nicht möglich. Möglich ist nur das Befahren der als Radwanderrouten offiziell ausgewiesenen Forst- und Asphaltwege;

Die meisten Wanderwege im Böhmerwald sind auch mit dem Rad befahrbar und als Radwanderwege ausgeschildert; im Bild der Weg zur Moldauquelle.

da es sich um bergiges Gelände handelt, ist ein Mountainbike das optimale Fortbewegungsmittel. Während es im Böhmerwald einschließlich des Nationalparks Šumava zahlreiche offiziell ausgeschilderte Radrouten gibt, sind Ausgangsorte speziell für Mountainbiking im Bayerischen Wald → **Bischofsmais**, → **Bodenmais**, → **Falkenstein im Vorwald**, Grafenau, Kollnburg, Rattenberg, Sankt Englmar und → **Zwiesel**; auch in → **Frauenau** gibt es einen Mountainbike-Verleih.

▶ NATIONALPARKS BAYR. WALD UND ŠUMAVA

Am 7. Oktober 1970 begann im Bayerischen Wald ein neues Kapitel deutscher Naturgeschichte: Das Gebiet um Rachel und → **Lusen** wurde als erster Nationalpark Deutschlands eingeweiht. Nach mehr als zwanzigjähriger Auseinandersetzung erhielt der Nationalpark 1992 seine Rechtsgrundlage: »Der Nationalpark bezweckt vornehmlich, eine für Mitteleuropa charakteristische, weitgehend bewaldete Mittelgebirgslandschaft mit ihren heimischen Tier- und Pflanzengesellschaften, insbesondere ihren natürlichen und naturnahen Waldökosystemen zu erhalten, das Wirken der natürlichen Umweltkräfte und die ungestörte Dynamik der Lebensgemeinschaften zu gewährleisten sowie zwischenzeitlich ganz oder weitgehend aus dem Gebiet zurückgedrängten Tier- und Pflanzenarten eine artgerechte Wiederansiedlung zu ermöglichen.« 1997 wurde der Nationalpark nach Nordwesten bis Bayerisch Eisenstein erweitert und umfasst nun 24 250 Hektar.

Die Ausweisung als Nationalpark hat auch für das Wandern entscheidende Konsequenzen, unter anderem gilt ein absolutes Wegegebot. Nationalparkwächter achten darauf, dass die Wege, Pfade und Steige nicht verlassen werden. Diese Wächter (»Ranger«) erteilen auch Auskünfte und begleiten auf Informations-Rundgängen; Anschläge mit aktuellen Terminen finden sich an Nationalpark-Wanderparkplätzen bzw. im → **Nationalpark-Informationszentrum**. Das Wegegebot gilt auch für den tschechischen Nationalpark Šumava.

▶ ÖFFNUNGSZEITEN

In Tschechien sind Lebensmittelgeschäfte montags bis freitags von 7–18 und samstags von 7–12 Uhr geöffnet; andere Geschäfte (Kaufhäuser u. a.) öffnen um 9 Uhr. Kleine private Geschäfte haben oft auch samstags bis 18 und sonntags geöffnet. Mit der Änderung des deutschen Ladenschlussgesetzes werden sich auch für den Bayerischen Wald veränderte Öffnungszeiten ergeben.

▶ RESTAURANTS

Ein Prospekt mit den guten Adressen und Ehrenpreisträgern der Gastlichkeit im Bayerischen Wald kann beim Tourismusverband Ostbayern (→ **Auskunft**) angefordert werden. Restaurant-Tipps finden Sie bei den jeweiligen Wanderungen und Sehenswürdigkeiten.

▶ TELEFONIEREN

Von Tschechien nach Deutschland: **0049** plus Netz- oder Ortsvorwahl ohne Null plus Anschlussnummer. Von Tschechien in die Schweiz **0041**, nach Österreich **0043** und weiter wie oben. Aus den genannten Ländern **nach Tschechien**: **00420** vorwählen, nach Prag 004202. Die Benutzung eines Handys ist im Bayerischen ebenso wie im Böhmerwald problemlos möglich.

▶ WANDERAUSRÜSTUNG

Die meist naturnah wurzeligen und steinigen Wanderrouten des Bayerischen Walds machen festes Stiefelwerk mit rutschfesten Sohlen erforderlich, während für die meist fahrradfähigen Wanderwege im Böhmerwald Turnschuhe oder Trekkingsandalen optimal sind. Darüber hinaus sollte die Wanderausrüstung folgende Grundelemente umfassen: Rucksack, Sonnenschutz, Kälteschutz, Windschutz, Regenschutz und Karte.

REGISTER

DER AUTOR

Bernhard Pollmann, geboren in Freiburg im Breisgau, zählt zu den besten Kennern der Gebirge und Landschaften nördlich der Alpen. Als Wanderer, Bergsteiger, Autor und Fotograf hat er zahlreiche Führer über Wandergebiete in Deutschland, Frankreich, Skandinavien, Polen und Tschechien veröffentlicht. Er lebt in Emden / Ostfriesland.

Eine Produktion des **Bruckmann**-Teams, München
Lektorat: Walter Theil und Georg Steinbichler

Kartographie: Elsner & Schichor, Karlsruhe.

Titelfoto: Frühlingslandschaft bei Regen (Gräfenhein/Huber, Garmisch-Partenkirchen)
Umschlagrückseite: Bauernhof in Finsterau (Foto: Jürgen Lehr, München)
Fotos im Innenteil: Gunda Amberg: S. 108,110, 119, 133, 139, 140, 161; LOOK/Hauke Dressler: S. 6, 152; LOOK/Thomas Stankiewicz: S. 17, 27, 104, 163; LOOK/Heinz Wohner: S. 122; N. Pollman: S. 5, 25, 47, 49, 51, 53, 54, 55, 59, 66, 67, 69, 74, 96, 112; O. Schraml: S. 127, 130; alle übrigen Aufnahmen von Bernhard Pollmann.

Alle Angaben dieses Werkes wurden vom Autor sorgfältig recherchiert und auf den aktuellen Stand gebracht sowie vom Verlag auf Stimmigkeit geprüft. Für die Richtigkeit der Angaben kann jedoch keine Haftung übernommen werden. Für Hinweise und Anregungen sind wir jederzeit dankbar. Bitte richten Sie diese an den Bruckmann Verlag GmbH, Lektorat, Nymphenburger Str 86, 80636 München.

Gedruckt auf chlorfrei gebleichtem Papier

Die Deutsche Bibliothek - CIP-Einheitsaufnahme

Ein Titeldatensatz für diese Publikation ist bei
Der Deutschen Bibliothek erhältlich

Gesamtverzeichnis gratis:
Bruckmann Verlag Nymphenburger Str. 86, 80636 München
Internet: www.bruckmann.de

© 2000 Bruckmann Verlag GmbH, München
Alle Rechte vorbehalten.
Printed in Italy by Printer Trento s.r.l.
ISBN 3-7654-3512-0